Alle meine Lieben

AF217312

Die Familie: heiß geliebt, gehegt und gepflegt, schmerzlich vermisst, manchmal gehasst, oft gemieden. Kaum ein Mensch, der sich nicht täglich mit Familie – seiner eigenen oder einer anderen – beschäftigt. Kaum ein Thema, das in Büchern und Filmen häufiger im Mittelpunkt steht.

Freuen Sie sich auf vierzehn heitere, nachdenkliche und bewegende Geschichten über coole Großväter, trickreiche Mütter, besorgte Eltern und über Kinder auf der Suche nach dem Glück.

Mit Erzählungen von T.C. Boyle, Dora Heldt, Ewald Arenz, Christopher Kloeble, Jutta Profijt, Uwe Timm und anderen.

Alle meine Lieben

Die schönsten Familiengeschichten

Herausgegeben von
Karoline Adler
und Brigitte Hellmann

dtv

Ungekürzte Ausgabe 2018
5. Auflage 2024
© 2011 dtv Verlagsgesellschaft mbH & Co. KG
Tumblingerstraße 21, 80337 München
verlag@dtv.de
Umschlaggestaltung: Wildes Blut,
Atelier für Gestaltung,
Stephanie Weischer unter Verwendung
eines Fotos von Arcangel Images/Jayne Szekely
Gesetzt aus der Stempel Garamond 13/16˙
Druck und Bindung: Druckerei C.H.Beck, Nördlingen
Printed in Germany · ISBN 978-3-423-25402-1

Inhalt

Dora Heldt

Nachts ging das Telefon

»Es sind doch nur zwei Wochen.«

Die Stimme meiner Mutter klang freundlich und sehr entschlossen. Ich hatte schon zu Beginn des Telefonats ein ungutes Gefühl gehabt.

»Und er ist dein Vater. Andere Kinder würden sich freuen.«

»Mama, was heißt hier andere *Kinder*? Ich bin 45!«

Ich hätte das Gespräch gar nicht annehmen sollen. Meine Mutter überging meine Antwort. »Ich habe ihm gesagt, dass ihr seine Hilfe gut gebrauchen könnt, weil Handwerker auf den Inseln doch so teuer sind. Und sie machen ja, was sie wollen, gerade wenn niemand danebensteht. Er kann doch ein Auge auf die Arbeiten haben. Und hier und da mal Hand anlegen. Er hilft doch so gerne.«

Ich musste jetzt etwas sagen. »Mama, warte mal. Ich fahre doch nach Norderney, um Marleen zu helfen, ihre Pension und die Kneipe zu renovieren, ich kann mich da nicht auch noch um Papa …«

»Ach, du brauchst dich doch gar nicht groß um ihn zu kümmern, er macht das alles schon allein. Und zu Mittag essen müsst ihr doch auch, da könnt ihr ja für ihn mitkochen. Abends reicht ihm eine Kleinigkeit und Kuchen für nachmittags könnt ihr auch kaufen, Marleen muss ja nicht extra backen.«

Ich überlegte, seit wann mein Vater alles allein machte. Vor sechs Wochen hatte ich meine Eltern das letzte Mal besucht, da war es noch anders gewesen. Ganz anders. Ich bemühte mich, die aufsteigende Panik aus meiner Stimme zu verdrängen.

»Mama, ich halte das für keine gute Idee, ich …«

»Christine, ich habe dich noch nie um etwas gebeten. Das ist ein Notfall. Ich muss zwei Wochen in der Klinik bleiben, da kann Heinz unmöglich alleine zu Hause herumsitzen.«

»Ich denke, er kann alles allein.«

»Doch nicht kochen und waschen und

so. Jetzt hör mal auf. Er ist dein Vater. Und du kannst ihn ja wohl mal zwei Wochen mitnehmen. Du hast doch frei. Stell dich nicht so an. Und nach Norderney wollte er sowieso immer mal.«

»Aber ich kann mich da überhaupt nicht mit ihm beschäftigen. Und wie …«

»Ach, das geht alles schon. Außerdem wohnt doch Kalli auf Norderney, du weißt doch, Papas alter Freund. Den kann er auch mal besuchen.«

»Dann kann er doch auch bei denen wohnen.«

»Christine, ich bitte dich. Hanna ist auf dem Festland. Ihre Jüngste, Kathrina, bekommt doch das zweite Baby. Deine Schwester und du, ihr kriegt das ja nicht auf die Reihe.«

Nur Mütter schaffen solche Themen-wechsel.

»Mama, ich bin …«

»Eben, sag ich doch. Also abgemacht. Papa kommt nächsten Samstag nach Ham-burg, du holst ihn am Bahnhof ab und ihr fahrt gemeinsam nach Norderney. Er kennt das ja alles nicht mit der Fähre und so. Da ist es schon besser, du bist dabei. Und ich gehe beruhigt ins Krankenhaus und lasse mein Knie operieren.«

Meine letzte Chance: »Lass uns da mal in Ruhe drüber sprechen, das geht so nicht, ich …«

»Mach dir keine Gedanken, mein Schatz. Ich schreibe dir noch alles Wichtige auf und schicke es dir. Also dann, schönen Abend noch und Grüße von Papa. Er freut sich. Tschüss.«

Ich starrte auf das Display des Telefons. Verbindung beendet. Anscheinend war es beschlossene Sache. Ich würde mit meinem Vater Ferien machen. Das erste Mal nach dreißig Jahren. Die letzte Reise endete damit, dass er mich aus pädagogischen Gründen auf dem Rasthof in Kassel stehen ließ. Ich hatte eine schwere Pubertät, das gebe ich zu, aber Kassel fand ich trotzdem zu hart. Auch wenn er mich nach einer halben Stunde wieder abholte und drei Wochen lang ein schlechtes Gewissen hatte. Und nun, nach dreißig Jahren, fingen wir wieder damit an. Wenigstens führte die Fahrt dieses Mal nicht über Kassel. (…)

Eine Woche später stand ich am Hamburger Hauptbahnhof und sah auf den Bahnsteig 12 a, an dem in 40 Minuten der Intercity aus Westerland einfahren sollte. Ich hatte mich links neben der Rolltreppe, die zum Bahnsteig hinabführte, postiert, genauso, wie ich es meinem Vater in unserem Telefonat erklärt hatte.

»Wenn du aus dem Zug ausgestiegen bist, gehst du nach rechts, Richtung Wandelhalle. Da ist nur eine Rolltreppe, auf der fährst du hoch, und oben, von dir aus gesehen rechts, stehe ich und warte.«

»Ja, ja, ich finde dich schon, ich bin ja nicht senil. Was ich einfach nicht begreife ist, dass ich für dieselbe Strecke, also Westerland–Hamburg, dauernd verschiedene Preise bezahlen soll. Mit der Regionalbahn wäre ich viel billiger gefahren.«

»Papa! Du wolltest nicht in Elmshorn umsteigen, außerdem hast du dich beschwert, dass die Nord-Ostsee-Bahn immer Verspätung hat.«

»Hat sie auch. Bei viel Verspätung kriegt man einen Gutschein. Ich frage dich, was soll ich mit einem Gutschein? Ist doch Quatsch.«

»Jetzt kommst du ja mit dem Intercity. Also, gute Fahrt und bis morgen dann.«

»Sei pünktlich, ich hasse es, lange zu warten. Bei dem Wucherpreis wird der Zug ja keine Verspätung haben.«

Sicherheitshalber war ich eine Stunde früher losgefahren, eigentlich brauchte ich für die Strecke nur zehn Minuten. Aber ich hatte Angst, dass ein Unfall, ein Stau, eine Polizeikontrolle oder Parkplatzmangel gleich zu Beginn zum Chaos führen würde, das käme noch früh genug. Nachdem ich siebenmal die Runde um den Bahnhofsvorplatz gedreht hatte, erwischte ich den ersten Parkplatz direkt neben dem Eingang. Der Himmel war mit mir, mein Vater mochte keine langen Wege.

Noch 35 Minuten.

Mein Vater verreist nicht gern. Das ist untertrieben. Er mag keine fremden Orte. Das ist auch noch untertrieben. Er hasst es, Sylt zu verlassen. Nicht nur die Insel, sondern auch sein Bett, seinen Platz am

Esstisch, seine morgendliche Runde zum Hafen, um Zeitungen zu kaufen, seine Nachbarn, seinen Garten, sein Sofa. Er mag keine zusammengelegten Hemden aus dem Koffer, keine Handtücher und Bettwäsche, die fremde Menschen vor ihm benutzt hatten, er isst nur, was er kennt, und weigert sich, seinen gewohnten Tagesablauf zu verändern. Ich wusste nicht, wie meine Mutter es schaffte, ihn wenigstens einmal im Jahr von der Insel wegzubewegen, vor allen Dingen wusste ich nicht, was sie ihm alles versprochen und erzählt hatte, dass er jetzt im Zug saß. Und eigentlich wollte ich es auch gar nicht wissen.

Noch 25 Minuten.

Mein Hals fühlte sich ausgetrocknet an. Wenn ich nervös bin, bekomme ich immer stechenden Durst. Hinter mir war ein Stand mit Würstchen und Getränken. Ich kaufte mir eine Dose Cola, nicht weil ich sie gern trinke, sondern weil mein Vater sie uns früher verboten hatte. Er hatte mir als Kind die gesundheitsschädliche Wirkung demonstriert, indem er über Nacht ein Gummibärchen in Cola einweichte.

Am nächsten Morgen dümpelte ein deformiertes Weingummiteil im Glas, das er mir triumphierend zeigte. »Und genauso sieht dein Bauch hinterher von innen aus. Außerdem macht Cola dumm.« Ich habe ihm lange geglaubt. Mit einem rebellischen Gefühl zerdrückte ich die leere Coladose und warf sie in den Mülleimer. Natürlich nicht in den, neben dem ich stand. Man konnte ja nie wissen.

Noch 10 Minuten.

Als ich wieder auf meinem Posten stand, spürte ich meine Blase. Es war schwachsinnig gewesen, Cola zu trinken, mein konditionierter Körper wollte sie sofort wieder loswerden. Die Toilette war am Ende des Bahnsteigs. Ich müsste hinlaufen, vermutlich wären alle Kabinen besetzt, ich hätte Wartezeit, dann wieder zurück, es könnte knapp werden. Ich hielt an.

Noch 3 Minuten.

Während ich von einem Fuß auf den anderen trat, hörte ich die Durchsage: »Achtung, auf Gleis 12a. Der Intercity 373 ›Theodor Storm‹ von Westerland mit Weiterfahrt nach Bremen, planmäßige Abfahrt

13 Uhr 42, hat voraussichtlich zehn Minuten Verspätung.«

Ich hatte es geahnt. Meine Blase verstärkte ihren Druck. Ich stellte mir vor, wie mein Vater nach einem kurzen suchenden Blick umgehend in den nächsten Zug zurück Richtung Norden steigen würde, hörte den Satz: »Christine war nicht da«, und sah den Blick meiner Mutter. Ich hielt weiter an.

Dann fuhr der Zug ein. Er hielt quietschend und zischend, die Türen klappten auf, die ersten Reisenden stiegen aus. In der Mitte des Bahnsteigs entdeckte ich ihn. Er trug seine rote Windjacke, Jeans und eine blaue Schirmmütze. Ich sah, wie er seinen riesigen Koffer aus dem Zug wuchtete und ihn einen Meter neben der Bahnsteigkante abstellte. Ich begann zu winken, es war überflüssig. Mein Vater verschwendete keinen Blick an seine Umwelt. Er nahm seinen Rucksack vor die Brust und setzte sich auf seinen Koffer, das Gesicht genau in meine Gegenrichtung. Ich bahnte mir einen Weg durch die mir entgegenkommenden Menschen und blieb kurzatmig vor ihm stehen. Er sah zu mir hoch.

Augen wie Terence Hill, dachte ich.

»Wie soll man sich in dem Gewühle hier finden?« Seine Stimme klang beleidigt.

Und benimmt sich wie Rantanplan.

»Hallo Papa, ich habe es dir doch erklärt, du gehst nach rechts, Richtung Wandelhalle, die Rolltreppe hoch und oben rechts von dir stehe ich.«

»Das höre ich jetzt zum ersten Mal.« Er stand auf und klopfte seine Hose ab. »Hast du das mitgekriegt? Der Zug hatte schon wieder Verspätung. Weißt du, ab wann man diese Gutscheine bekommt?«

Ich wollte ihm seinen Rucksack abnehmen, er hielt ihn fest.

»Den nehme ich selbst, danke. Ab wie viel Verspätung kriegt man denn jetzt den Gutschein?«

»Nicht nach nur zehn Minuten. Gib mir bitte den Rucksack, ich kann doch auch was tragen.«

Er wandte sich in Richtung der Rolltreppe. »Ja, nimm du mal den Koffer. Ich darf mit meiner Hüfte nichts heben.«

Beim Anheben des Koffers blieb mir fast

die Luft weg. Ich stellte ihn wieder ab und versuchte ihn zu ziehen.

»Papa, warte doch mal, was ist denn mit den Rollen?«

Mein Vater blieb stehen und sah mich ungeduldig an.

»Die sind kaputt, aber für die paar Male, die wir verreisen, geht das auch so. Nun komm.«

Ich wuchtete den Koffer mit völlig schiefer Körperhaltung hinter ihm her und versuchte, meine Atmung zu kontrollieren.

»Und sonst … trägt … Mama ihn?«

»Unsinn.«

Ohne weitere Erklärungen ging er mit langen Schritten zur Rolltreppe. Das Sprechen strengte mich an.

»Sag mal, was … ist denn da … alles drin?«

Seine Antwort konnte ich kaum verstehen, weil er vor mir lief und sich nicht umdrehte.

»Meine Bohrmaschine, mein Akkuschrauber und so ein bisschen anderer Kram, ich kann nicht mit fremden Werkzeugen arbeiten.«

Oben angekommen musste ich den Koffer abstellen, ich konnte nicht mehr. Ich erwischte meinen Vater gerade noch am Ärmel.

»Bleib mal kurz stehen ... Ich muss ganz dringend ... zum Klo. Stell dich hier neben ... den Koffer ... ich beeile mich.«

»Das hättest du ja auch früher erledigen können. Das passiert, wenn man immer auf den letzten Drücker kommt.«

»Ja, ja ...«

Mir war alles egal, ich rannte los.

Ich musste zwar erst Geld wechseln, dann noch die drei Damen, die vor mir in der Schlange standen, vorlassen, trotzdem hatte die ganze Aktion keinesfalls länger als fünfzehn Minuten gedauert. Als ich zurückkam, stand der Koffer einsam an der Stelle, allerdings standen zwei schwarzblau uniformierte Polizisten daneben. Einer von ihnen sprach hektisch in ein Funkgerät, ich verstand nur »herrenlos ... Hunde bringen ... absperren« und bekam Schweißausbrüche. Und dann sah ich meinen Vater. Er stand fünf Meter weiter, aß einen Hotdog und beobachtete interessiert das Geschehen. Genauso wie eine Anzahl weiterer Zuschauer, die nach und nach stehen blieben. Der Polizist, auf den ich zustürmte, hob abwehrend den Arm, ich grüßte beschwichtigend.

»Mit dem Koffer ist nichts. Das ist unserer, ich war nur auf der Toilette.«

Ich warf meinem Vater einen wütenden Blick zu, doch er drehte sich weg. Der andere schwarzblau Uniformierte ließ das Funkgerät sinken und sah mich drohend an.

»Was heißt das? Sie lassen ein Gepäckstück unbeaufsichtigt stehen und gehen zur Toilette? Wo kommen Sie denn her? Haben Sie noch nie etwas von den Sicherheitsvorkehrungen gehört? Oder von Kofferbomben?«

Sein Kollege ging einen Schritt auf mich zu. Er wirkte nicht besser gelaunt.

»Ich glaube, ich spinne! Sie verursachen hier fast eine Sperrung des Hauptbahnhofs und kommen zurück, als wenn gar nichts passiert wäre? Ich fasse es ja wohl nicht!«

Die schadenfroh-neugierigen Gesichtsausdrücke der umstehenden Zuschauer gaben mir den Rest.

»Papaaa!«

Meine Stimme klang schrill und etwas weinerlich. Die Polizisten sahen sich bedeutungsvoll an. Einige der Gaffer schüttelten mitleidig die Köpfe. Ich versuchte, Haltung zu wahren, zeigte mit dem Finger in Richtung meines Vaters, der mich ungerührt ansah und sich dabei die dänische Mayonnaise von den Fingern leckte.

»Das da ist mein Vater. Es ist *sein* Koffer. Er sollte aufpassen. Und jetzt isst er Hotdogs. Was kann ich denn dafür?«

Eine Frau sah erst mich, dann meinen Vater, dann ihre Begleiterin an und sagte laut: »Entweder ist die durchgeknallt oder betrunken. Peinlich, komm, lass uns weitergehen.«

Mein Vater und ich blieben ungefähr zehn Minuten im Büro der Bahnpolizei. Wir mussten den Koffer öffnen, alles noch mal erklären und fünfzig Euro für die Bahnhofsmission spenden, bevor wir ziemlich ungnädig entlassen wurden.

Ich kochte innerlich. Mein Vater hatte seine »Ich höre schwer, bin gehbehindert und weltfremder Insulaner«-Nummer abgezogen, er hätte gar nichts mitbekommen, es sei ihm ja so unangenehm. Und seine Tochter wäre plötzlich weggewesen, das wäre nicht zum ersten Mal passiert. Ich zog den Koffer hinter mir her, als hätte er Rollen, was einen Heidenlärm machte. Mein Vater warf mir einen vorsichtigen Blick zu.

»Das ist aber …«

»Papa! Wenn du jetzt noch ein Wort sagst, lasse ich dich wirklich mitsamt deinem blöden Koffer hier stehen.«

Mein Vater schwieg tatsächlich die nächsten Minuten, wenn man von dem Satz »Das ist sehr weitläufig hier mit den Parkplätzen« absah, den ich ignorierte, weil ich in der Zeit den Koffer in den Kofferraum wuchtete und danach die Klappe lauter als nötig zuknallte. Papa zuckte zusammen, was mir guttat.

Wir stiegen ein. Während ich den Motor anließ, sagte ich, ohne meinen Vater anzusehen: »Wir fahren jetzt zu Dorothea.«

Er traute sich anscheinend nicht zu antworten.

Das Außenthermometer zeigte 25 Grad, der Himmel war knallblau, es war Ferienwetter, wie es sein sollte. Und Vater und Tochter schwiegen sich böse an. Ich warf einen vorsichtigen Seitenblick auf meinen Vater. Niemand konnte so zerknirscht aussehen wie er. Da saß er, drehte seine Schirmmütze in den Händen, der Reißverschluss seiner roten Windjacke war bis oben hin zugezogen, von seiner Stirn perlten Schweißtropfen. Schon tat er mir wieder leid. Es ging mir jedes Mal so. Er benahm sich unmöglich, ich war sauer auf ihn und hatte anschließend ein schlechtes Gewissen. Und ich machte wie immer den Anfang.

»Es ist warm, oder? Warum hast du denn deine Jacke nicht ausgezogen?«

Er sah mich treuherzig an. »Wir hatten zu wenig Zeit. Aber ich kann es aushalten.«

Einige Meter weiter war ein freier Parkplatz auf dem Seitenstreifen. Ich fuhr in die Parklücke und stellte den Motor aus. Mein Vater sah sich um.

»Hier wohnt Dorothea? Das ist aber keine schöne Gegend.«

»Sie wohnt auch nicht hier. Ich habe angehalten, damit du deine Jacke ausziehen kannst.«

Er strahlte mich an. »Das ist sehr nett.« Während er sich abschnallte, umständlich ausstieg, seine Jacke auszog, sie ordentlich auf die Rückbank legte, wieder einstieg und sich anschnallte, kam ich zu dem Entschluss, die Kofferszene nicht mehr zu erwähnen.

Mein Vater strich sich erleichtert über die Stirn. »Ja, so ist es besser. Das ist aber auch warm. Ich glaube, das kommt durch die Abgase in der Stadt. Die Hitze, jetzt. Auf Sylt tragen die Polizisten keine schwarzen Uniformen. Die gefallen mir überhaupt nicht, ich finde sie zu bedrohlich.«

Ich suchte einen Sender im Autoradio und drehte die Lautstärke höher.

Dorothea schloss gerade ihr Auto ab, als wir auf den Parkplatz vor ihrem Haus fuhren. Sie kam uns lächelnd entgegen.

»Da seid ihr ja endlich. Ich habe schon vor einer halben Stunde mit euch gerechnet. Hatte der Zug so viel Verspätung?«

Sie umarmte erst meinen Vater, dann mich. Über ihre Schulter warf ich ihm einen warnenden Blick zu. Er nickte beruhigend zurück.

»Natürlich hatte der Zug Verspätung, aber nicht genug für so einen Gutschein, aber den kann ich sowieso nicht gebrauchen und dann ist uns …«

Ich unterbrach ihn. »So, wir trinken jetzt erst einen Kaffee und dann packen wir das Auto. Wir fahren mit Dorotheas Wagen, Papa, ihr Kofferraum ist größer. Und dann sollten wir auch bald los, sonst verpassen wir die Fähre.«

Dorothea sah zwischen uns hin und her. »Der Kaffee ist fertig. Sag mal, Heinz, musst du nicht was Warmes essen oder reicht dir ein Stück Kuchen?«

»Ich hatte am Bahnhof schon so ein Würstchen mit Brötchen, damit ging das Theater ja …«

»Komm, Papa.« Ich schob ihn vor mir her. »Wir trinken jetzt erst mal Kaffee.«

Eine halbe Stunde später wischte sich Dorothea zum wiederholten Mal die Lachtränen ab, was nicht viel nützte, sobald sie mich ansah, prustete sie wieder los. Sie konnte kaum zusammenhängend reden.

»Ach, Heinz, ich sehe dauernd Christine vor mir, umringt von schwarzen Polizisten, die sie mit Maschinengewehren in Schach halten. Und eine Herde lärmender Schäferhunde. Und Christines blödes Gesicht. Und du isst in aller Ruhe einen Hotdog. Hahaha, ich könnte mich wegschmeißen.«

Sie krümmte sich regelrecht. Heinz-Judas lachte ebenfalls. Ich fand die Geschichte beim zehnten Mal nicht mehr witzig. Beim ersten Mal übrigens auch nicht. Also stand ich auf.

»Sie hatten keine Maschinengewehre, es gab keine Hunde und wir sollten langsam los, wenn wir die Fähre kriegen wollen. Umpacken müssen wir auch noch. Wir können das Thema an dieser Stelle also beenden.«

Dorothea kicherte albern. Und mein Vater sagte zu ihr: »Sie ist zwar nett, aber manchmal eine Spaßbremse.«

Ich zwang mich zum Schweigen.

Kurz darauf öffnete ich auf dem Parkplatz die Kofferraumklappe von Dorotheas Kombi. Vor dem Auto standen vier große Reisetaschen, drei Stoffbeutel, ein Korb mit Lebensmitteln und der Trumm von einem Koffer. Und daneben Dorothea und mein Vater. Sie machten nicht den Eindruck, als würde einer von ihnen eines dieser Gepäckstücke jemals anfassen. Ich sah die beiden an.

»Was ist? Wollen wir jetzt einpacken?«

Mein Vater machte eine abwehrende Handbewegung. »Kind, ich kann nicht, meine Hüfte. Das weißt du doch. Mir ist der Koffer zu schwer.«

Dorothea lachte schon wieder. »Und ich kann den noch nicht mal angucken.«

Ich schloss kurz die Augen. Ich wollte mich nicht aufregen, ich hatte Urlaub. Also hievte ich den Koffer hoch, schob ihn ganz ans Ende des Kofferraums. Dorothea reichte mir ihre beiden Reisetaschen, ich stellte sie neben den Koffer, meine erste Tasche passte nur knapp, die zweite gar nicht mehr, der Rest lag noch vor dem Auto.

»Ich habe gleich gesehen, dass du den

Koffer längs packen musst. Quer geht das nicht.«

»Danke, Papa.«

Ich holte die Reisetaschen wieder raus, drehte den Koffer um, der Schmerz schoss mir in den Ischiasnerv. Ich stöhnte. Mein Vater griff an mir vorbei und schob den Koffer um einen weiteren Zentimeter.

»So.« Seine Stimme klang zuversichtlich. »Das sieht doch schon viel besser aus.«

Jetzt gingen drei Taschen daneben, die vierte stellte ich oben drauf. Die Heckklappe ging nicht zu. Mein Vater kippte die obere Tasche auf die Seite, stopfte zwei der drei Stoffbeutel davor und legte den Kopf schief.

»Müsst ihr wirklich so viel Zeug mitnehmen? Man braucht auf einer Insel doch nur Jeans und eine Regenjacke.«

Ich gab keine Antwort, nahm die Reisetasche wieder heraus, legte alle Stoffbeutel auf den Koffer, klemmte den Korb davor und fragte Dorothea, wo unsere Jacken seien. Sie holte sie, ich stemmte mich solange gegen den Korb, damit die Konstruktion hielt. Dorothea kam mit zwei Regenjacken, zwei Mänteln und drei Flaschen Wein zurück.

»Für Marleen.«

Ich stopfte abwechselnd die Flaschen und die Jacken in die Zwischenräume, versuchte dann vorsichtig, die Klappe zu schließen. Es ging, Millimeterarbeit. Ich drehte mich stolz um.

»Und?«

»Du hast eine Reisetasche vergessen.«

»Nein, Papa, habe ich nicht, die kommt auf den Rücksitz. Da ist Platz genug.«

»Ich sitze aber nicht hinten.«

»Brauchst du auch nicht. Ich kann mich nach hinten setzen.«

»Und wenn Dorothea scharf bremst, kriege ich die Tasche ins Kreuz.«

»Heinz, ich bremse nie scharf, außerdem können wir die Tasche auch auf die andere Seite der Rückbank stellen. Dann kriege ich sie ins Kreuz.«

»Gut.« Mein Vater wirkte beruhigt. Er sah auf seine Uhr. »Da haben wir doch tatsächlich über eine halbe Stunde gebraucht. Wenn man nicht so oft Autos bepackt, hat man auch keine Übung. Ich war damals ja wahnsinnig schnell, als meine Hüfte noch in Ordnung war und wir alle naselang verreist sind. So, jetzt geht noch mal aufs Klo und dann fahren wir los.«

Er ging zum Haus, Dorothea folgte ihm lächelnd, ich lehnte mich ans Auto und zündete mir eine Zigarette an. Es war mir egal, dass mein Vater gleich einen Anfall bekommen würde, wenn er mich rauchen sah. Ich war jetzt schon sehr erschöpft.

Ewald Arenz

Schlüsselerlebnis

Was meine Schlüssel betrifft, bin ich – ganz anders als meine Frau – fast pedantisch sorgfältig. Als ich also nach einem sehr langen Theaterabend gegen ein Uhr nach Hause kam, hatte ich meinen Schlüssel natürlich dabei. Leider hatte meine Frau den ihren diesmal auch gefunden, und der stak jetzt von innen im Schloss. Die Tür war zu, das Haus dunkel. Ich klopfte vorsichtig, um die Kinder nicht zu wecken. Das gelang auch. Ich weckte niemanden. Die Tür blieb zu. Ich klingelte einmal kurz. Leider ist meine Frau das, was man bei Hunden »schussfest« nennt. Außerdem ist sie Mutter dreier Kinder. Lärm hat auf ihren Schlaf so viel Einfluss wie Mondphasen auf den Friseur. Ich klingelte jetzt länger. Philly hört beim Einschlafen mit ihren Kopfhörern gern Techno. Türklingeln kommen in dieser Welt nicht vor, weil sie meist unter 90 Dezibel liegen. Und Theo? Theo feierte seit drei Monaten seinen achtzehnten Geburtstag vor. Keine Klingel der Welt dringt durch zwei Liter Guinness im Blut eines Jugendlichen, der sich für erwachsen hält. Ich klingelte jetzt, bis innen die Batterie aufgab. Stille. Dunkelheit. Dann – plötzlich – das Klatschen kleiner Füße auf dem Steinboden. Otto war aufgewacht. Ich hörte eine verschlafene dreijährige Stimme: »Papa?« – »Ja«, sagte ich erfreut, »hör mal, Otto, zieh den Schlüssel raus und mach die Tür auf, ja?« Schweigen. Dann die etwas wachere Stimme: »Papa, bist du ein Böser?« Das war tagsüber ein beliebtes Spiel. Jetzt war ich aber vor allem müde. »Nein, Otto. Mach die Tür auf!« Tapsende Füße. »Ich hol mein Swert, böser Mann. Dann slag ich dich!« – »Otto!«, rief ich. »Nein!« Aber Otto war oben und kramte nach seinem Schwert. Ich setzte mich etwas resigniert vor die Tür. Die Katze kam und zeigte mir eine frisch gefangene Maus. Ich lobte sie pflichtbewusst. Plötzlich war Otto wieder da: »Papa, darf ich fernsehn?« – »Was?«, rief ich. »Otto, es ist mitten in der Nacht. Weck Mama und sag ihr, sie soll die Tür

aufmachen. Und du darfst nicht fernsehen!«
Otto dachte nach. Dann hörte ich ihn am
Schlüssel hantieren. Leider drehte er in die
falsche Richtung. Es war jetzt doppelt ab-
gesperrt. »Andersrum!«, rief ich. »Andersrum, Otto!« – »Papa«, fragte Otto stattdessen, »kannst du nicht rein?« Froh sagte ich:
»Genau! Kluger Junge. Jetzt dreh den
Schlüssel ...« – »Überhaupt nicht?«, fragte
Otto. »Die ganze Nacht nicht?« – »Nein!«,
sagte ich ermunternd. »Dreh den ...« –
»Dann«, sagte Otto fröhlich, »seh ich jetzt
fern.«

Am Anfang winkte Otto mir noch fröhlich zurück, wenn ich an das Fenster des
Wohnzimmers klopfte, aber später sah ich,
dass er vor dem Fernseher eingeschlafen
war. Freundlich und bläulich flackerte das
Licht, als ich endlich aufgab und mich in
den kalten Liegestuhl auf der Veranda legte.

Ich musste dann doch eingeschlafen
sein, denn als die Sonne mich weckte, stand
meine Frau vor mir, die Kaffeekanne in
der Hand. »Wieso hast du nicht geklingelt?
Wieso schläft Otto vor *Apocalypse Now?*

Und wieso«, fragte sie noch strenger, »hast du eine tote Maus in der Brusttasche?« Die Katze auf meinem Bauch rekelte sich schnurrend in der Sonne, und ich zuckte nur die Schultern. Schlüsselfragen kann man nie wirklich beantworten.

Jean-Louis Fournier

Wo fahren wir hin, Papa?

Lieber Mathieu,
Lieber Thomas,
   als ihr noch klein ward, hatte ich manchmal Lust, euch zu Weihnachten ein Buch zu schenken, *Tim und Struppi* zum Beispiel. Dann hätten wir uns darüber unterhalten können. *Tim und Struppi* kenne ich nämlich gut, ich habe alle Bände mehrmals gelesen.
   Aber ich habe es sein lassen, was hätte es auch gebracht, ihr konntet ja nicht lesen. Ihr werdet nie lesen können. Eure Weihnachtsgeschenke werden bis zum Schluss Holzklötzchen und Spielzeugautos sein …
   Jetzt, da Mathieu fortgegangen ist, um seinen Ball dort zu suchen, wo wir ihm nicht mehr helfen können, jetzt, da Thomas noch auf der Erde ist, aber mit seinem Kopf schon fast ganz in den Wolken, will ich euch doch noch ein Buch schenken. Eins, das ich für euch geschrieben habe. Damit

man euch nicht vergisst, damit ihr nicht bloß ein Foto auf einem Schwerbehindertenausweis seid. Damit ich mir alles Ungesagte von der Seele schreiben kann, vielleicht auch meine Schuldgefühle. Ich war kein sonderlich guter Vater. Oft konnte ich euch nicht ertragen. Ja, euch zu lieben war nicht leicht. Für euch brauchte man eine Engelsgeduld, und ich bin kein Engel.

Damit ich euch sagen kann, wie sehr ich bedaure, dass wir nicht gemeinsam glücklich waren, und vielleicht auch, damit ihr mir verzeiht, dass ihr mir so missraten seid.

Wir hatten uns den Himmel auf Erden für euch gewünscht, und stattdessen ist er euch auf den Kopf gefallen. Das war Pech – für euch wie für uns.

Schon gut, ich höre auf zu jammern.

Wenn man über behinderte Kinder spricht, macht man meist ein betretenes Gesicht, als redete man über eine Katastrophe. Wenigstens dieses eine Mal möchte ich versuchen, mit einem Lächeln über euch zu reden. Ihr habt mich oft zum Lachen gebracht – nicht immer unabsichtlich.

Euch verdanke ich, dass ich gegenüber den Eltern normaler Kinder so manchen Vorteil genossen habe. Ich musste mich weder um eure Schulleistungen noch um eure berufliche Zukunft sorgen. Wir hatten nie das Dilemma, ob ihr besser Naturwissenschaften oder Literatur studieren solltet. Wir brauchten uns nicht den Kopf zu zerbrechen, was einmal aus euch werden würde, denn daran gab es schon bald keinen Zweifel: nichts.

Aber vor allem habe ich über Jahre hinweg die Steuerplakette fürs Auto gratis erhalten.* Und ich verdanke euch außerdem, dass ich immer dicke Ami-Schlitten fahren konnte.

Seit Thomas mit zehn Jahren in den Camaro gestiegen ist, fragt er immer wieder: »Wo fahren wir hin, Papa?«

---

* Eltern von Kindern mit unbefristetem Schwerbehindertenausweis hatten lange Zeit Anspruch auf eine Steuerplakette fürs Auto. 1991 wurde sie jedoch abgeschafft, sodass es seitdem keinen Anreiz mehr gibt, behinderte Kinder zu bekommen. (Alle Fußnoten stammen von Jean-Louis Fournier.)

Anfangs antworte ich noch: »Wir fahren nach Hause.«

Doch eine Minute später stellt er, ebenso treuherzig, dieselbe Frage. Es bleibt einfach nichts hängen. Nach dem zehnten »Wo fahren wir hin, Papa?« antworte ich nicht mehr ...

Ich weiß selbst nicht mehr, wohin wir fahren, mein kleiner Thomas.

Wir fahren bergab. Gerade gegen die Wand.

Erst ein behindertes Kind, dann zwei. Warum nicht drei ...

Damit hatte ich nicht gerechnet.

»Wo fahren wir hin, Papa?«

Wir fahren auf die Autobahn, wir spielen Geisterfahrer.

Wir fahren nach Alaska. Wir streicheln die Bären. Und lassen uns fressen.

Wir fahren Pilze suchen. Wir sammeln Schleierlinge und machen daraus ein leckeres Omelett.

Wir fahren ins Schwimmbad, wir springen vom höchsten Turm in ein Becken ohne Wasser.

Wir fahren ans Meer. Zum Mont-Saint-

Michel. Wir gehen im Treibsand spazieren. Und versinken. Wir fahren in die Hölle.

Unbeirrt fragt Thomas weiter: »Wo fahren wir hin, Papa?« Vielleicht bricht er heute seinen Rekord. Nach dem hundertsten Mal bleibt kein Auge mehr trocken. Mit Thomas kommt nie Langeweile auf, er ist der King des Running Gag.

(...)

Der Vater eines behinderten Kindes muss mit Leichenbittermiene durch die Welt laufen. Er muss sein Kreuz tragen, sein Leid öffentlich zur Schau stellen. Kommt nicht infrage, dass er sich eine rote Clownsnase aufsetzt, um die andern zum Lachen zu bringen! Er hat nicht das Recht zu lachen, das wäre ja geschmacklos. Und wenn er zwei behinderte Kinder hat, gilt: Er muss ein doppelt so unglückliches Gesicht machen.

Wer im Leben Pech gehabt hat, muss den Umständen entsprechend aussehen und ein betretenes Gesicht machen, das ist eine Frage des Anstands.

An Anstand hat es mir oft gefehlt. Ich weiß noch, wie ich eines Tages den Chefarzt des Heims, in dem Mathieu und Thomas untergebracht waren, um eine Unterredung gebeten habe. Ich habe ihm meine Sorgen mitgeteilt: Ich frage mich manchmal, ob Thomas und Mathieu vollkommen normal sind …

Darüber konnte er nicht lachen.

Er hatte recht, es war nicht komisch. Nur hatte er nicht begriffen, dass dies meine Durchhalte-Strategie war.

Wie Cyrano de Bergerac, der beschloss, selbst über seine Nase zu spotten, spotte ich über meine Kinder. Das ist mein Privileg als Vater.

(…)

Mathieu und Thomas schlafen, ich betrachte sie.

Was mögen sie für Träume haben?

Träumen sie wie die anderen?

Nachts träumen sie vielleicht, dass sie klug sind.

Nachts verschaffen sie sich vielleicht Genugtuung und träumen Hochbegabten-Träume.

Nachts sind sie vielleicht Absolventen einer Elitehochschule, berühmte Forscher, die bedeutende Entdeckungen machen.

Nachts ergründen sie vielleicht Gesetze, Prinzipien, Postulate, Theoreme.

Nachts stellen sie vielleicht endlose, hochkomplexe Berechnungen an.

Nachts sprechen sie vielleicht Griechisch und Latein.

Doch sobald der Tag anbricht, nehmen sie wieder die Gestalt behinderter Kinder an. Damit ihnen niemand auf die Schliche kommt und man sie in Frieden lässt. Sie stellen sich stumm, damit sie ihre Ruhe haben. Wenn man das Wort an sie richtet, tun sie so, als verstünden sie nichts, um nicht antworten zu müssen. Sie haben keine Lust, zur Schule zu gehen, Hausaufgaben zu machen, Lektionen zu lernen.

Das kann man verstehen, schließlich sind sie schon die ganze Nacht fleißig gewesen, da müssen sie tagsüber mal ein bisschen ausspannen. Also machen sie Dummheiten. (...)

Nach dreißig Jahren habe ich in einer Schublade die Geburtsanzeigen von Thomas und Mathieu wiedergefunden. Es waren klassische Geburtsanzeigen, keine Blumen oder Störche, wir mochten es schlicht.

Das Papier mit der kursiven Schreib-
schrift ist vergilbt, aber man kann noch gut
lesen, dass wir euch voll Freude die Geburt
von Mathieu und von Thomas mitteilen.

Natürlich war es eine Freude, ein selte-
ner Moment, ein einzigartiges Erlebnis, ein
intensives Gefühl, ein unsagbares Glück …

Entsprechend groß war die Enttäu-
schung.

Wir teilen euch voll Schmerz mit, dass
Mathieu und Thomas nur Stroh im Kopf
haben, nie zur Schule gehen und ihr Leben
lang nur Blödsinn machen werden, dass
Mathieu sehr unglücklich ist und uns bald
verlassen wird, während der zerbrechliche
Thomas länger verweilen, aber immer ge-
beugter sein wird … Er spricht ständig mit
seiner Hand, kann kaum gehen, malt nicht
mehr, ist weniger fröhlich als zuvor und
fragt nicht mehr, wo fahren wir hin, Papa.

Vielleicht fühlt er sich wohl, wo er ist.

Oder aber er hat keine Lust mehr, ir-
gendwohin zu fahren …

T. Coraghessan Boyle

Chicxulub

Spät in der Nacht – eigentlich zu spät für eine Siebzehnjährige, um allein unterwegs zu sein, selbst in einer Stadt, die so sicher ist wie unsere – geht meine Tochter an der Straße entlang, und es regnet, zum ersten Mal seit Langem, die Straßen seifig von einem wässrigen Schmierfilm, sodass selbst eine Fahrerin im Vollbesitz ihrer geistigen Kräfte, die sich nicht nach zwei Apfel-Martinis und drei »Hitching Post« Pinot Noir ans Steuer ihres Wagens gesetzt hätte, Schwierigkeiten hätte, mit ihrem Fahrzeug nicht über den Bürgersteig, in den Graben, ins Gebüsch, ja, verdammt, über den Mittelstreifen zu rutschen ... Aber darum geht es eigentlich nicht, noch nicht jedenfalls.

Haben Sie schon mal von Tungusien gehört? In Russland?

Dort ist vor beinahe hundert Jahren der letzte große Meteor, von dem wir wissen, auf die Erde gestürzt. Um genau zu sein:

Dieser Meteor mit einem geschätzten Durchmesser von sechzig Metern ist nie aufgeschlagen. Die Wucht seines Eintritts in die Erdatmosphäre, der Druck und die gewaltige Erhitzung der Luft ließen ihn in etwa achttausend Meter Höhe explodieren – wobei das Wort »explodieren« dem Ereignis kaum gerecht wird. Es war eine Explosion – ein Lichtblitz, eine Detonation –, die achthundert Hiroshima-Bomben entsprach. Noch in fünfzig Kilometer Entfernung wurden Rentierherden von der Druckwelle getötet, und weitere fünfzig Kilometer entfernt ging die Kleidung eines zu Boden gestreckten Jägers in Flammen auf. Knapp zweitausend Quadratkilometer Wald wurden auf einen Schlag vernichtet. Wäre der Meteor nur vier Stunden später auf die Erde getroffen, dann wäre er über Sankt Petersburg explodiert und hätte jegliches Leben in dieser wunderschönen barocken Stadt ausgelöscht. Und das war nur ein Stein. Mit nur sechzig Meter Durchmesser.

Worauf ich hinauswill? Knien Sie nieder und beten Sie zu Ihren Göttern, denn diese große, kreiselnde Kugel, auf der wir durchs

Weltall reisen, kreuzt jährlich die Flug-
bahn von rund zwanzig Millionen Asteroiden, von denen mindestens tausend einen
Durchmesser von mehr als eineinhalb Kilometern haben.

Zurück zu meiner Tochter. Sie geht
durch Dunkelheit und Regen nach Hause.
Maureen und ich haben ihr einen Wagen
geschenkt, einen Honda Civic, das Sichers-
te, was auf vier Rädern herumfährt, aber
das Ding war gebraucht – aus erster Hand,
wie der Händler es ausdrückte – und steht
mit Getriebeproblemen in der Werkstatt,
und sie *musste* sich einfach mit ihren
Freundinnen treffen und quatschen und ki-
chern und in der Mall mit zwei Stäbchen
bunte Röllchen aus rohem Fisch und einge-
legtem Ingwer in den Mund balancieren,
und Kimberley hat sie abgeholt und wird
sie auch wieder nach Hause bringen. Theo-
retisch. Maddy hat ein Handy und hätte
mich oder ihre Mutter anrufen können, aber
das hat sie anscheinend nicht. Und so
geht sie eben zu Fuß. Durch den Regen.
Und Alice K. Petermann, wohnhaft Briar
Lane 16, weiß, geschieden, Immobilien-

maklerin bei Hyperion, die in einem Salat gestochert und ihre Brille auf der Theke hat liegen lassen, kommt ins Schleudern.

Es ist kurz nach Mitternacht. Ich liege mit einem Buch im Bett, nackt und kaum imstande, mich auf die Wortgruppen und säuberlich gegliederten Sätze zu konzentrieren, denn Maureen ist im Badezimmer und zieht das schwarze Negligé von Victoria's Secrets an, das ich ihr zum Geburtstag geschenkt habe, und jedes Geräusch – das Quietschen der Angeln des Badezimmerschränkchens, das Surren der Zahnbürste, das Plätschern des Wassers – elektrisiert mich. Ich habe eine Kerze angezündet und warte nur darauf, dass Maureen ins Zimmer tritt, damit ich das Licht ausschalten kann. Wir haben früh am Abend ein paar Cocktails getrunken und zum Essen eine Flasche Wein, und dann haben wir uns vor dem offenen Kamin auf dem Sofa aneinandergekuschelt und einen Joint geraucht, denn unsere Tochter war ausgegangen, und was sie nicht weiß, macht sie nicht heiß. Ich lausche auf die kleinen Geräusche, die aus dem Badezimmer dringen, verführerische

Geräusche, die mich auf die Folter spannen. Ich bin bereit. Mehr als bereit. Ungeduldig. »He«, rufe ich mit tiefer Stimme, »kommst du jetzt oder nicht? Du willst mich doch wohl nicht die ganze Nacht warten lassen, oder?«

Ihr Gesicht erscheint in der Tür. Durch den schwarzen Seidenstoff schimmern die weißen Rundungen und die dunklen Warzen ihrer Brüste. »Ach, du wartest auf mich?«, sagt sie kokett. Sie verharrt in der Tür, und auf ihren Lippen erscheint ein Lächeln. Sie genießt diesen Augenblick, sie zieht ihn hinaus.

Ich sage nichts. Ich warte.

»Weil ich nämlich eigentlich noch ein bisschen im Garten arbeiten wollte – nicht lange, bloß ein paar Stunden. Du weißt schon: Mist ausbringen, Mulch häufeln rings um die Rosen. Du wartest doch auf mich?«

Und dann klingelt das Telefon.

Wir sehen uns ausdruckslos an, während es zweimal läutet, und dann sagt Maureen: »Ich geh lieber dran«, und ich sage: »Nein, nein, lass es. Unwichtig. Niemand.«

Aber sie hat sich bereits in Bewegung gesetzt.

»Lass es!«, rufe ich ihr nach und höre sie sagen: »Und wenn es Maddy ist?«, und dann sehe ich, wie sie den Hörer abnimmt und flüstert: »Hallo?«

In der Nacht, als der Meteor über Tungusien explodierte, war der Himmel über ganz Europa unnatürlich hell: Noch in London gingen die Leute weit nach Mitternacht in den Parks spazieren, saßen auf Bänken und lasen Romane, während die Schafe weitergrasten und die Vögel in den Bäumen unruhig wurden. Man sah weder Mond noch Sterne, nur ein bleiches, flackerndes Licht, und der Himmel wirkte, als wäre alle Farbe herausgewaschen. Doch dieser mitternächtliche Lichtschein und der Tod dieser unglücklichen sibirischen Rentiere waren natürlich nichts im Vergleich zu dem, was geschehen wäre, wenn ein größeres Objekt in die Erdatmosphäre eingetaucht wäre. Gesteinsbrocken mit einem Durchmesser von mehr als hundert Metern schlagen durchschnittlich alle fünftausend

Jahre auf der Erde ein, und alle dreihunderttausend Jahre wird die Erde von einem Asteroiden mit einem Durchmesser von mehr als achthundert Metern getroffen. Dreihunderttausend Jahre sind natürlich eine lange Zeit. Aber wenn … *wenn* es zu einer solchen Kollision kommt, wird die freigesetzte Energie im Millionen-Megatonnen-Bereich liegen. Die Explosion wird so viel Staub in die Atmosphäre wirbeln, dass der gesamte Planet praktisch tiefgefroren wird und alles pflanzliche Leben für mindestens ein Jahr das Wachstum einstellt. Es wird keine Ernten geben. Kein Futter. Keine Sonne.

Es hat sich ein Unfall ereignet, das ist es, was die Stimme am anderen Ende der Leitung zu meiner Frau sagt, und das Opfer ist Madeline Biehn, wohnhaft Laurel Drive 1337 – jedenfalls steht das auf dem Ausweis, den die Rettungssanitäter in ihrer Handtasche gefunden haben (in der Handtasche mit der silbernen Schnalle, die durch die Wucht des Aufpralls zwei Zentimeter tief in das Fleisch unter ihrem Arm getrieben wurde. Diese Handtasche ist ein kleines Ding, nicht größer als ein gebundenes Buch, mit einem dünnen Schulterriemen, eine Handtasche, wie alle Mädchen sie tragen – als wäre sie Teil einer Uniform). Ist dort die Mutter oder Erziehungsberechtigte?

Ich höre, wie meine Frau sagt: »Ich bin ihre Mutter.« Und dann, mit ganz und gar tonloser Stimme: »Ist sie …?«

Ist sie? Solche Fragen beantworten sie nicht, sie geben überhaupt keine Informationen preis, nicht am Telefon. Die nächsten zehn Sekunden vergehen donnernd, die Katastrophe bricht herein, meine Frau steht benommen da und hält den Hörer in der Hand, als wäre er irgendein unidentifizierbares Objekt, das sie auf der Straße gefunden hat, während ich unbeholfen aus dem Bett springe und nach meiner Hose greife. Und nach meinen Schuhen, wo sind meine Schuhe? Die Autoschlüssel? Meine Brieftasche? Das ist die wahre Panik, der Verlust von Glauben und Kontrolle: Das Namenlose ist benannt, der Schlag trifft das Herz, man ringt nach Atem. Ich sage das Einzige, was mir einfällt, ich will Klarheit, als könnte Klarheit meine Angst überwinden. »Sie hatte einen Unfall«, sage ich, nur um meine

Stimme zu hören, nur um Klarheit herzustellen. »Das war es doch, was sie gesagt haben, oder?«

»Sie ist angefahren worden. Sie ist ... Sie wissen es nicht. Sie wird operiert.«

»In welchem Krankenhaus? Haben sie gesagt, in welchem Krankenhaus?«

Auch meine Frau ist jetzt in Bewegung. Das Negligé ist lächerlich, vollkommen unpassend, und sie zerrt es sich über den Kopf und wirft es auf den Boden, während sie nach einer Bluse greift, nach Shorts und Gummisandalen – nach irgendetwas, irgendwas, womit sie ihre Blöße bedecken und zur Tür hinausstürzen kann. In der Küche winselt der Hund. Der Regen prasselt auf das Dach, wird lauter, hämmert auf die Dachrinnen. Ich suche nicht mehr nach meinen Schuhen – es gibt keine Schuhe, Schuhe existieren nicht, mein Hemd hängt schlaff über meine Schultern, falsch geknöpft, faltig, die Schöße sind nicht in die Hose gesteckt, und wir sitzen jetzt im Wagen, und der Scheibenwischer auf der Fahrerseite schlägt unregelmäßig, und die Nacht schließt sich um uns wie eine Faust.

Und dann ist da noch Chicxulub. Vor fünfundsechzig Millionen Jahren ging ein Asteroid (oder ein Meteor – niemand weiß das genau) auf der Halbinsel Yucatán nieder. Nach der Größe des Kraters zu urteilen (er hat einen Radius von hundertachtzig Kilometern) maß dieser Brocken, dieser große, glühende Ball, zehn Kilometer im Durchmesser. Sein Aufschlag verwandelte Tag in Nacht, und die Nacht dauerte so lange, dass mindestens fünfundsiebzig Prozent aller bekannten Spezies ausgelöscht wurden, einschließlich der Dinosaurier in allen Größen und Erscheinungsformen und neunzig Prozent des ozeanischen Planktons, was wiederum katastrophale Auswirkungen auf die Nahrungskette in den Weltmeeren hatte. Wie schnell der Asteroid war? Man schätzt, dass seine Geschwindigkeit 70 000 Kilometer pro Stunde betrug – er war also etwa sechzigmal schneller als eine Gewehrkugel. Astrophysiker bezeichnen solche Objekte als »Zivilisationskiller« und sagen, dass die Wahrscheinlichkeit, eine Katastrophe der Chicxulub-Größenordnung zu erleben, etwa bei eins zu zehntausend liegt. Sie ist damit genauso groß wie die Wahrscheinlichkeit, innerhalb der nächsten zehn Monate bei einem Autounfall zu sterben oder – und das ist bezeichnender – seinen hundertsten Geburtstag zusammen mit dem eigenen Mann oder der eigenen Frau zu erleben.

Ich sehe nur Fenster, ein endloses Muster aus Fenstern, die sich, eins über dem anderen, in den Nachthimmel erheben, als der Wagen die Auffahrt NUR FÜR RETTUNGSWAGEN entlangjagt und mit einem harten Ruck an der Bordsteinkante zum Stehen kommt. Die Türen werden gleichzeitig aufgerissen, Maureen ist schon draußen, knallt die Wagentür zu und läuft zum Eingang, und ich bin direkt hinter ihr. Der Zündschlüssel steckt, das Scheinwerferlicht bohrt sich in den Bauch eines diagonal geparkten Rettungswagens. Sie können den Wagen haben, jeder kann ihn haben und behalten, solange man mir nur sagt, dass es meiner Tochter gut geht. *Sag's mir*, murmele ich und haste atemlos weiter, durchnässt bis auf die Haut, *sag's mir, und du kannst ihn behal-*

ten, und das ist ein Gebet, das erste in einer langen, unterbrochenen Reihe von Gebeten zu irgendjemandem oder irgendetwas, der oder das möglicherweise zuhört. Der Himmel entlädt sich – über uns ist er schwarz, am Horizont quecksilbern –, der Regen fällt in windverwehten Schwaden, aber das würde ich nicht mal merken, wenn wir nicht sofort, in Sekundenschnelle, vollkommen durchnässt wären. Bis auf die Haut durchnässt: angeklatschte, strähnige Haare, die Kleider haften wie Fliegenpapier an der glatten, nassen Haut.

Wir gehen hinein, nebeneinander, durch Türen, die erschrocken vor uns zurückweichen, und mein einziger klarer Gedanke ist, dass das Krankenhaus eine Todesfabrik ist und dass wir es betreten wie lebende Tote: erschöpft, bleich, ohne Schuhe. »Meine Tochter«, sage ich zu der Schwester am Empfang. »Sie ist ... Man hat uns angerufen. Sie haben uns angerufen. Sie hat einen Unfall gehabt.«

Maureen ist neben mir. Sie zupft an den Fingern der einen Hand, als wollte sie einen unsichtbaren Handschuh ausziehen. Sie lässt die Schultern hängen und presst die Lippen zusammen, die nasse Bluse klebt an ihr wie Frischhaltefolie. »Ein Auto. Ein Autounfall.«

»Name?«, fragt die Schwester. (Diese Schwester: Sie ist jung, eine Filipina mit unergründlichen Augen, ihr Gesicht ist so knochig wie ein Totenschädel; täglich sieht sie den Tod, und das macht sie blind. Sie sieht uns nicht, sie sieht einen Computermonitor, sie sieht den in einer Ecke aufgehängten Fernseher und die Schatten, die über den Bildschirm huschen, sie sieht die Wände, den Boden, das nackte Licht der Neonröhren. Uns sieht sie nicht. Uns nicht.)

Für einen donnernden Augenblick, der in meinem Kopf dröhnt und nachhallt, kann ich mich nicht an den Namen meiner Tochter erinnern. Ich sehe sie vor mir, wie sie sich über die auf dem Esstisch ausgebreiteten Lehrbücher beugt; die Lampe über dem Tisch umgibt ihr Haar mit einem Lichtkranz, als sie missmutig aufsieht, mit einem kleinen bitteren Lächeln, als wollte sie sagen: *So ist das heutzutage, wenn man ein Teenager ist, Dad, und du kannst froh sein, dass du nicht mehr zur Schule gehen musst* – aber ihr Name ist wie weggewischt.

»Maddy«, sagt meine Frau. »Madeline Biehn.«

Wie gebannt sehe ich zu, wie die knochigen Finger der Schwester die Maus hin- und herschieben. Ihre Augen starren auf den Monitor. Ein Klick. Noch ein Klick. Sie hebt den Blick, um uns anzusehen, doch er weicht sogleich wieder aus. »Sie wird noch operiert«, sagt sie.

»Wo?«, will ich wissen. »Wo ist sie? Wo müssen wir hin?«

Maureens Stimme unterbricht mich, und was sie sagt, ist elementar und macht mich frösteln – es ist keine Frage, keine Feststellung oder Forderung, sondern eine flehentliche Bitte: »Was ist mit ihr?«

Ein weiterer Klick, aber der ist nur pro forma, die Augen bleiben starr auf den Bildschirm gerichtet. »Sie hatte einen Unfall«, sagt sie. »Die Sanitäter haben sie eingeliefert. Mehr kann ich Ihnen nicht sagen.«

In diesem Augenblick wird mir bewusst, dass wir nicht allein sind, dass andere Leute durch die Eingangshalle wimmeln, andere

Zombies wie wir, die sich eilig angekleidet haben und von Regenwasser triefen, bis der beige Teppich schwarz ist, die von einem Fuß auf den anderen treten, stöhnen, sich mit leeren, blicklosen Augen aneinanderklammern – und warum, frage ich mich, warum verachte ich diese Schwester mehr als jeden anderen Menschen, dem ich je begegnet bin, diese junge Frau, nicht viel älter als meine Tochter, die das Haar zu einem Knoten gebunden hat, auf dem das weiße Häubchen wie ein Partyhütchen balanciert, und die *bloß ihren Job macht?* Warum würde ich am liebsten über den uns trennenden Schalter greifen und ihr rasch und entschlossen die Realität von Hass, Angst und Schmerz vor Augen führen? Warum?

»Ted«, sagt meine Frau, und ich spüre ihre Hand an meinem Ellbogen, und dann sind wir wieder in Bewegung – wir marschieren, wir eilen, wir rennen beinahe, hinaus aus der Halle, durch einen Korridor, im Gleißen von Lichtern, die selbst eine Art Tod sind, zu einem schlimmeren Ort, einem weit schlimmeren Ort.

Abgesehen davon, dass dieser Gesteinsbrocken von Chicxulub die Dinosaurier ausgerottet und einen katastrophalen und unumkehrbaren Prozess eingeleitet hat, beunruhigt mich die Folgerung, dass wir und all unsere Werke, Sorgen und Bindungen so überaus bedeutungslos sind. Der Tod beendet unsere Existenz als Individuum, das wissen wir, ja, doch die Ontogenese wiederholt die Phylogenese, und die Art besteht weiter. Auch nach unserem Tod wird es menschliches Leben und Kultur geben – darum können wir uns, auch wenn Gott fern ist, mit dem Tod des Individuums abfinden. Aber wenn man Chicxulub einbezieht – oder das nächste Chicxulub, den Stein, der vielleicht jetzt, da Ihr Blick über diese Zeilen geht, heulend herabstürzt, um alles und jeden auszulöschen –, was dann?

»Sie sind die Eltern?«

Wir sind in einem anderen Raum, tiefer im Gebäude, die Wände rücken näher, die Lautsprecher murmeln ihre unablässigen Beschwörungen: *Dr. Chandrasoma in die Notaufnahme – Dr. Bell, bitte Zentrale,* und wir stehen einer anderen Schwester gegenüber, grimmiger, älter, mit toteten Augen und Falten rings um den Mund, die aussehen wie die eines fest verschlossenen Tabaksbeutels. Sie spricht mit uns, mit mir und meiner Frau, aber ich bringe keinen Ton heraus, weder bejahend noch verneinend. Ich bin gelähmt, wie vor den Kopf geschlagen. Wenn ich Maddy als mein Fleisch und Blut bezeichne – und schon wieder versuche ich, Geschäfte zu machen –, dann wird sich das sicher als Fluch erweisen, denn jene Mächte, die es gibt oder auch nicht gibt, jene Götter der Unendlichkeit und der Winzigkeit, werden sehen, wie verzweifelt ich sie liebe, und sie mir wegnehmen, um mich dafür zu strafen, dass ich nicht an sie glaube. *Voodoo, Hoodoo, Santeria, segne mich, Vater, denn ich habe gesündigt.* Ich höre Maureens Stimme wie aus einem verschlossenen Safe, die geflüsterte Silbe, und dann: »Wie schlimm ist es?«

»Das kann ich Ihnen nicht sagen«, sagt die Schwester, und ihre Stimme klingt neutral, ja roboterhaft. Es ist nicht ihre Tochter. Ihre Tochter ist zu Hause und schläft in einem Nest aus Teddybären, rosa Laken und flauschigen Kissen, und irgendwo leuchtet das Nachtlicht wie das Auge eines Wächters, dem nichts entgeht.

Ich kann nicht mehr. Es ist diese Neutralität, diese klinische Neutralität, die einen zum Wahnsinn treibt. Kann denn nicht mal irgendjemand für irgendetwas die Verantwortung übernehmen? »Was *können* Sie uns denn sagen?«, sage ich, und vielleicht sage ich es ein bisschen zu laut, kann sein. »Ist das nicht Ihr Job, verdammt noch mal? Zu wissen, was hier los ist? Sie rufen uns mitten in der Nacht an – unsere Tochter ist verletzt, sie hatte einen Unfall, und Sie können uns nicht sagen, was los ist?«

Sie drehen sich nach uns um, mustern uns durchdringend. Sie hängen in orangeroten Plastikstühlen, liegen ausgestreckt auf dem Boden, beten, gehen auf und ab, bewegen stumm die Lippen. Auch sie wollen etwas wissen. Wir alle wollen etwas wissen. Wir wollen Neuigkeiten, gute Neuigkeiten: Es war ein Irrtum – bloß ein paar kleine Schnittwunden und Blutergüsse (»Prellungen«, sagt man da wohl), und deine Tochter, dein Sohn, dein Mann, deine Großmutter, dein Cousin zweiten Grades wird gleich durch die Tür da drüben treten ...

Die Schwester durchbohrt mich mit einem Blick, und dann kommt sie hinter dem Schalter hervor, eine kleine, untersetzte Frau, beinahe kleinwüchsig, und geht mit raschen Schritten zu der Tür, die zu einem weiteren Raum aufschwingt, noch tiefer ... »Wenn Sie mir bitte folgen würden«, sagt sie.

Plötzlich bin ich verlegen, ziehe den Kopf ein und gehorche, zwei Schritte hinter Maureen. Dieser Raum ist kleiner, ein Untersuchungszimmer mit Skalen und Tabellen an den Wänden und einer mit antiseptischem Papier abgedeckten Untersuchungsliege. »Warten Sie hier«, sagt die Schwester und wendet sich schon wieder zum Gehen. »Der Doktor wird gleich hier sein.«

»Was für ein Doktor?«, will ich wissen. »Wozu? Was will er?«

Aber die Tür hat sich bereits geschlossen.

Ich sehe Maureen an. Sie steht mitten im Zimmer und will nichts anfassen, will sich nicht setzen oder sich auch nur bewegen, aus Angst, sie könnte den Zauber brechen. Sie lauscht auf Schritte, ihr Blick ist auf die zweite Tür am anderen Ende des Raums gerichtet. Ich höre mich ihren Namen flüstern, und dann liegt sie in meinen Armen, schluchzend, und ich weiß, dass ich sie umarmen sollte, dass wir beide das brauchen, diesen menschlichen Kontakt, diese Liebe, die Unterstützung, doch ich spüre nur, welche Last sie ist – sieht sie denn nicht, dass es nichts und niemanden gibt, der das hier besser, erträglicher machen könnte? Ich will nicht trösten und nicht getröstet werden. Ich will meine Tochter zurück, das ist alles. Sonst nichts.

Maureens Stimme kommt von so tief in ihrer Kehle, dass ich sie kaum verstehen kann. Es dauert einen Augenblick, bis ich es begriffen habe, selbst als sie sich von mir löst, ihr Gesicht zerknautscht und gerötet. Das ist ihr Gebet, sie flüstert es laut: »Es wird alles gut, oder?«

»Ja«, sage ich, »es wird alles gut. Sie

wird ein paar Prellungen haben, vielleicht sind auch ein paar Knochen gebrochen ...« Meine Stimme verklingt, während ich versuche, es mir vorzustellen, die Krücken, den Gipsverband, die Pflaster und Wundverbände: Unsere Tochter kehrt in einem schimmernden Lichtkranz zu uns zurück.

»Es war ein Wagen«, sagt sie. »Ein Wagen, Ted. Sie ist angefahren worden.«

Der Raum scheint von der verebbenden Energie des großen Gebäudes zu ticken und zu summen. Unwillkürlich muss ich an das Kabelgewirr in den Wänden denken, das die Röntgen-, EKG- und EEG-Geräte mit Strom beliefert, an die lebenserhaltenden Maschinen, an die unzähligen Schläuche und die Flüssigkeiten, die in ihnen fließen. Ein Wagen. Eineinhalb Tonnen Stahl, Chrom, Glas und Eisen.

»Warum ist sie überhaupt da herumgelaufen? Was hatte sie auf der Straße zu suchen?«

Meine Frau nickt, die nassen Strähnen ihres Haars schlagen auf ihre Schultern wie die Peitschenriemen von Flagellanten.

»Wahrscheinlich hat sie sich mit Kimberley gestritten. Bestimmt. Jede Wette.«

»Wo bleibt dieser Scheißkerl?«, knurre ich. »Dieser Arzt, wo bleibt der?«

Wir sind eine gute Stunde oder länger in diesem Raum, in diesem Fegefeuer. Zweimal stecke ich den Kopf durch die Tür und bedenke die Schwester mit einem vernichtenden Blick, aber es gibt nichts Neues, keinen Arzt, nichts. Und dann, um Viertel nach zwei, geht die zweite Tür auf, und da ist er: zu jung, um Arzt zu sein, ein Jüngling mit einem glatten, nichtssagenden Gesicht und einer Tolle über der Stirn, und er braucht gar nichts zu sagen, kein Wort, denn ich weiß, was er uns bringt, und mein Herz krampft sich zusammen. Er sieht Maureen an und dann mich, und dann schlägt er die Augen nieder. »Es tut mir leid«, sagt er.

Wenn er kommt, wird der Meteor innerhalb einer Sekunde in die Atmosphäre eintauchen und auf die Erde prallen, wobei er verdampfen und einen Feuerball mit einem Durchmesser von mehreren Kilometern und einer Temperatur von 60 000 Grad erzeugen wird – das ist zehnmal heißer als die Oberfläche der Sonne. Wenn er die Größe des Chicxulub-Steins hat und auf festem Land aufschlägt, wird er etwa 200 000 Kubikkilometer Erde in die Atmosphäre schleudern, während gleichzeitig die Wärmestrahlung die Wälder und Städte der Erde in Brand setzen wird. Es wird Erdbeben und Vulkanausbrüche noch nie gekannten Ausmaßes geben, gefolgt von der finsteren Nacht des kosmischen Winters. Sollte er – wie der Chicxulub-Stein – im Meer landen, dann wird er Wasserdampf in die Atmosphäre schleudern, die Sonne auslöschen und ein praktisch identisches Szenario aus seismischen Aktivitäten und ewigem Winter auslösen, während eine ringförmige, fünf Kilometer hohe Flutwelle über die Kontinente rasen und sie durcheinanderwirbeln wird wie Untertassen in einer Abwaschschüssel.

Also was soll's? Was soll das Ganze? Wir sind machtlos. Wir sind mutterseelenallein. Und die Götter – alle Götter aller Zeiten – sind nichts als ein Gerücht.

In dem Saal voller Betten sticht ein Bett ins Auge. Menschen liegen wie aufgebahrt, als befänden wir uns im Krieg, die spitzen Nasen der mit Laken zugedeckten Opfer ragen auf wie Felsen in einer vergletscherten Ebene. Diese Menschen leben noch, Flüssigkeiten fließen in ihre Adern, Apparate überwachen die Lebensfunktionen, Schwestern beugen sich wie Ghule über sie, doch sie alle werden bald tot sein. So viel ist sicher. Aber das eine Bett, ganz hinten, an der Wand, mit einem Laken bedeckt, unter dem eine unfassbar kleine, geschrumpfte Gestalt liegt – das ist das Einzige von Bedeutung. Der Arzt geht voran und spricht mit leiser Stimme von inneren Verletzungen, von Milzriss und Hirnstammtrauma, und ich kann mich kaum auf den Beinen halten. Maureen klammert sich an mich. Das Licht wird trüber.

Habe ich Worte, um zu beschreiben, wie schwer es ist, das Laken anzuheben? Es ist aus ganz dünnem Stoff, aber es fühlt sich an, als wäre es aus Blei, aus Eisen, aus Iridium, als hätte sich alle schwarze Materie des Universums darin konzentriert. Der

Arzt tritt einen Schritt zurück und faltet die Hände vor dem Bauch. Der ganze Saal, die ganze Intensivstation oder was das hier ist, hält den Atem an. Maureen stellt sich neben mich, sodass unsere Schultern sich berühren und ich ihren Körper, ihre Wärme spüre, und ich denke an das Kind, das wir zusammen gemacht haben, diesen Körper unter dem Laken, und die Hand am Ende meines Arms umklammert den Stoff, die Finger krümmen sich, greifen, packen zu. Millimeter um Millimeter gleitet das Laken zurück, der langsame Striptease des Todes ... und ich kann das nicht, ich kann es nicht ... bis Maureen sich unvermittelt vorbeugt und es mit einem heftigen Ruck wegreißt.

Es dauert einen Augenblick – das Entsetzen über die verfärbte, aufgequollene Gestalt, über die Blutkrusten an der Schläfe und im verfilzten Haar, über diese obszöne Schändung all dessen, was wir kennen und erwarten und lieben –, bis die Freude uns durchströmt. Maddy ist rothaarig wie ihre Mutter und, obwohl sie siebzehn ist, so dünn und hoch aufgeschossen wie ein Kind, mit unverhältnismäßig großen Händen und Füßen, und sie hat sich auch nie das glatte, zarte Fleisch unterhalb der Unterlippe piercen lassen. Ich bringe kein Wort heraus. Ich bin noch im Rausch der Euphorie, die diese neue Droge ausgelöst hat, ich schwebe durch den Raum, durch das Krankenhaus, ich schwebe über der Erde. Maureen sagt es an meiner Stelle: »Das ist nicht unsere Tochter.«

Unsere Tochter ist nicht im Krankenhaus. Unsere Tochter schläft in ihrem Zimmer, unter den freundlichen Blicken der Poster an der Wand – Britney, Brad, Justin –, und ihre Sachen liegen verstreut herum, als fände hier ein Flohmarkt statt. Unsere Tochter ist tatsächlich zum Hana Sushi in der Mall gefahren, wie sie es vorhatte, und Kimberley hat sie nach Hause gefahren. Unsere Tochter hat ohne unser Wissen, ohne dass irgendjemand davon wusste, ein bisschen gegen die Regeln verstoßen. Eine Lappalie, eigentlich gar nichts, etwas, was jeder Teenager tut, ohne auch nur zweimal nachzudenken: Sie hat ihrer zweitbesten Freundin

Kristi Cherwin ihren Ausweis geliehen, weil Kristi erst sechzehn ist und den neuen Film mit Brad Pitt im Cineplex sehen will – sehen *muss* –, nur ist der leider ab siebzehn. Unsere Tochter weiß nicht, dass wir im Krankenhaus waren, weiß nichts von Alice K. Petermann und dem Pinot Noir und der auf der Theke vergessenen Brille, weiß nicht, dass in diesem Augenblick bei den Cherwins das Telefon läutet.

Ich sitze, ein Glas in der Hand, auf dem Sofa und starre in die Asche im Kamin. Maureen ist in der Küche, vor sich einen Becher Ovomaltine, und starrt mit leerem Blick aus dem Fenster, wo die Konturen der Bäume im ersten Morgenlicht sichtbar werden. Ich versuche, mir die Cherwins vorzustellen – Ed und Lucinda, wir hatten sie ein paarmal zu Gast –, doch es gelingt mir erst, als mir eine wie von hinten erleuchtete Szene einfällt, ein Grillnachmittag in ihrem Garten: Die Erwachsenen stehen mit Gin Tonics um den Grill herum, im Radio läuft ein längst vergessenes Lied, die Kinder – unsere Töchter – fahren mit den Fahrrädern auf der gepflasterten Auffahrt hin und her; sie spielen Fangen, fahren enge Kurven, weichen aus, heben mit den Vorderrädern ab, ihre Haare flattern im Fahrtwind, und die Sonne bricht schräg durch die Bäume. Man kann eine Münze zehnmal werfen, und möglicherweise kommt zehnmal Kopf – oder keinmal. Der Stein, der nächste Chicxulub-Stein, ist unterwegs, er rast durch Kälte und Finsternis, um unser Schicksal zu besiegeln. Aber nicht heute Nacht. Und nicht meines.

Bei den Cherwins hat er bereits eingeschlagen.

Moritz Fichtner

Cool muss es schon sein

Kein Wenn und Aber, die Zustände in unserer Familie waren vor zehn Jahren nicht
besser, aber turbulenter. Wir sind drei, meine Tochter Henny, mein Enkel Luzius und
ich, der Großvater. Vor zehn Jahren waren wir natürlich auch nur drei, wenn wir
auch Probleme hatten, die für eine weit
größere Anzahl von Familienmitgliedern
ausgereicht hätten, und obwohl andererseits
sogar zeitweise der Eindruck vorherrschte,
es gäbe eigentlich nicht einmal die drei,
sondern nur einen, den Opa nämlich, der
sehenden Auges ins tiefe weite Wasser des
Ozeans hineinverwunschen war und sich
verzweifelt Schwimmhäute wünschte.

In gewisser Hinsicht strotzten wir alle
damals dennoch vor Kraft, besonders aber,
seltsam genug, ich selbst, was mich tatsächlich weit mehr in Erstaunen setzte als
Tochter und Enkel. 63 Jahre erst war ich
alt, ein junger Ruheständler gewissermaßen,

der alle zwei Tage eine stets sich verlängernde Strecke an Kilometern joggte, morgens in seiner Schlafstube hantelte und in insgesamt drei Gärten sich umtrieb: dem Schrebergarten an der Kriemhildenstraße, meinem eigenen Hausgarten und Hennys Garten am Walkürenring; Gärten, so erinnere ich mich, in denen ich in jenem Jahr mit Leidenschaft die Maulwürfe verfolgte, in deren freigelegte Löcher ich mit einer Gaspistole hineinfeuerte, weil sie anders nicht zu vertreiben waren.

Ganz ähnlich, was die Aktivitäten, wenn auch nicht deren brave Absicht betrifft, stand es um Henny und Luzius. Henny arbeitete von morgens bis abends in einem großen Fitnessstudio, aber war sie, deren dorniger Rosengarten besonders hartnäckige und alte Maulwürfe beherbergte, nun dankbar und pflichteifrig genug, um meine Schießereien anzuerkennen? Nichts, nichts, nein, viel zu abgewandt war sie, viel zu umflort der Blick, und statt Pflichteifer waren durchaus andere Dinge an ihr zu bemerken. Sie trug ganz kurze Röcke, die vor dem geistigen Auge ständig noch höher rutschten, auf Trampolinen sprang sie gnadenlos und affenhaft herum, und täglich leitete sie Aerobic-Kurse, sich zur Musik drehend und wendend wie eine Schlange, bis das Beifallgeklatsche schwitzender Hände ausbrach und kein Ende nehmen wollte. Wenn sie hinterm Tresen stand und im Halbdunkel gut gebauten Männern Drinks verkaufte, die schon vor den Übungen die Kraft ankurbelten und nach den Übungen die Muskeln zu Paketen packten, dann waren ihre Augen so schwarz, so groß, so sehnsüchtig, so zwanzigjährig! Da standen drei oder vier kraftstrotzende Kerle, die Gläser mit gelber Flüssigkeit in den Händen, um den Tresen herum. War vielleicht der Richtige dabei? Der, mit dem sie kuscheln konnte bei Tag und bei Nacht, und dies – zu viel konnte das doch nicht erhofft sein – bis in alle Ewigkeit?

Ja, so war sie, vierzig Jahre alt, nicht zwanzig, und alles andere außer ihrer Studio-Besessenheit vernachlässigte sie.

Und Luzius?

Luzius Timotheus Lüders, damals plötzlich gummigliedrig geworden, Spott auf den

Kräusellippen, tausend Fragen in den großen blauen Augen, Luzius Timotheus ver-
kraftete die Zustände bei seiner Mutter am
Walkürenring schlecht, das war die Sache.

War ich zu freundlich zu ihm? Fehlte
ihm das Laufgitter, weil er bis dahin kind-
lich naiv und demütig alles hingenommen
hatte, und fiel er ins Wasser, weil nun kein
Warnzeichen da war? Eben vor allem, weil
es da einen überaus milden stockwedelnden
Opa gab, der wohl ins volle Nachttöpfchen
grinsen konnte, als der Junge klein war, aber
nun, da er älter wurde, so schlecht dazu-
lernen wollte?

Ach, ich gab mir damals solche Mühe!
Ich besuchte sie beide, Tochter und Enkel,
auf dem Walkürenring hinter ihrem mit
tausend rosa Rosen bewachsenen Garten,
und ich gab ihnen reichlich, was ein an sich
schon alter Vater und natürlich noch älte-
rer Großvater im Vorrat hat, Geld aus dem
Portemonnaie und Ratschläge aus dem Herzen, aber da standen sie, großäugig und
süchtig nach Glück die eine, mit schlak-
sigen Gliedern und unsteten Blicken, die
nicht wussten, wo zugreifen, nicht wussten,

wo verweilen, wo lieben, wo hassen, der andere – und ich, der sie doch voller Liebe ansah, war viel zu dicht bei ihnen, um irgendetwas zu wissen, und zu fern, viel zu fern, um irgendetwas zu beurteilen.

Fünfzehn Jahre immerhin, fünfzehn lange Jahre waren ja seit Luzius' Geburt vergangen, ohne dass die geringste wirkliche Katastrophe auch nur in Sicht gekommen wäre. Ich hatte ihn von klein auf Lucky genannt, auch Luxy und Luxy-Lux, Henny hatte ihm zuckriges Schmalzgebäck, das er so gerne aß, ins Mäulchen gestopft, und er hatte uns wirklich den Gefallen getan, stramm und großartig heranzuwachsen. Erst in jenem Sommer, als ich nach den Maulwürfen schoss, veränderte er plötzlich gründlich sein Gesicht. Ich weiß noch, ich war gerade drei oder vier Tage pensioniert und reparierte auf der Terrasse meines Hauses auf der Siegmundstraße die Liegestühle – für die vielen Gäste, die ich bald zu empfangen gedachte –, als das Telefon klingelte. Henny teilte mit gleichsam erstarrter und umnebelter Stimme mit: »Er spricht nicht mehr. Mein Sohn spricht nicht mehr!«

Mehr wusste sie trotz vieler Fragen meinerseits nicht zu vermelden. »Er spricht nicht mehr!« Die Stimme wurde nun schriller: »Mein Herr Sohn spricht nicht mehr mit mir!«

Über die Ginstertwete, einen fast zugewachsenen Pfad, der unsere Straßen außer den offiziellen Wegen sozusagen noch einmal heimlich, aber sehr direkt miteinander verbindet, eilte ich zum Walkürenring hinüber, und tatsächlich, da saß Luzius, mein Enkelsohn, und war verstummt. Etwa eine Woche vorher hatte ich ihm ein Meerschweinchen geschenkt, und vor dem Käfig mit dem ebenfalls unglücklich und trüb blickenden Meerschwein saß er auf einem Schemel, unheilvoll hin- und herschwankend, finster starrend, und schwieg.

So fing es an. Wieder drei Tage später fand ich ihn, ohne dass ein gütiges Schicksal mich vorgewarnt hatte, auf der großen Wiese mitten im Stadtpark liegen – ohne Hosen und Unterhosen, nacktärschig also, denn anders kann man's nicht ausdrücken. Drei andere – wie sagt man? – »Typen«, ebenfalls nacktärschig, lagen um ihn herum, und alle vier schrien, als ich vorbeikam, und wackelten wie die Enten mit ihren Hinterteilen.

Nahm ich es mit Humor? War ich tief verstört? Ich kam gar nicht dazu, das zu entscheiden. Als ich ihn am selben Abend besuchte, saß er wieder auf seinem Schemel in der Küche und stierte auf den in der Abendsonne golden glitzernden Meerschweinchenkäfig. Henny war ausgegangen. Der Meerschweinchenkäfig war leer.

Ich wollte etwas sagen, aber Luzius stand auf, mit hängenden Schultern, führte mich zum Badezimmer und stieß mich, ehe ich etwas dagegen tun konnte, hinein.

Da lag das Meerschweinchen, ein schneeweißes Fellbündelchen, in der wassergefüllten Badewanne, das Maul wie im Schreien aufgerissen, die langen Nagezähne wie zu einer hilflosen Zange vorgestreckt, die vier kurzen Beinchen abgespreizt, als sei es beim Gähnen und Strecken plötzlich gestorben, starr und tot.

Wieder wollte ich etwas sagen. Was aber sagen? Und wie protestieren? Ich ging fort, ich sagte nichts, und als ich schon auf dem Gartenweg in dem tröstenden Rosa der vielen Rosen war, krächzte Luzius mit fast unverständlicher Stimme etwas Teuflisches hinter mir her. Es klang wie: »Es wollte sterben! Es wollte einfach sterben, weißt du!«

Diesmal unternahm ich etwas. Ich ging zur Schule, zu Luzius' Klassenlehrer, Herrn Seeligmann, der damals noch am Gymnasium im Siegfriedviertel tätig war. Ihm saß ich, einen hohen Stoß Aktenordner zwischen uns, eine halbe Stunde gegenüber, flehte um pädagogischen Rat und hörte ihn, Herrn Seeligmann, um den herum allmählich noch andere Lehrer mit Aktenordnern tätig geworden waren, klaren Gesichts aus klar gegliederter Erkenntnis heraus sagen: »Liebe! Geben Sie ihm Liebe, die er braucht! Verständnis! Geben Sie ihm Verständnis, dessen er bedarf! Es verwächst sich im Übrigen. So etwas verwächst sich im Allgemeinen bald.«

Nebenbei erfuhr ich, dass Luzius an diesem Tag nur kurz in der Schule erschienen war, um einem Lehrer auf den Anzug zu spucken, nur eigens zu diesem Zweck, so schien es, bevor er wieder fortrannte. Wo war er? Ich beschloss, ihn, wenn nötig, den ganzen Tag lang zu suchen, aber auf dem Siegfriedplatz, wohin ich von Herrn Seeligmann aus zunächst gegangen war, um mir zur Beruhigung ein paar Zigarillos zu kaufen, sah ich ihn schon. Er stand auf den Stufen des alten Roxy-Theaters, einer Art Freitreppe zu einem nicht mehr benutzten Eingang, wo sich die Punks der gesamten Umgegend zu versammeln pflegten. Im hellen Sonnenlicht stand er da – so merkwürdig verändert, ich wusste nicht gleich, weshalb, stand da und trank aus einer Bierdose, jedem Schluck mit einem Wippen der Knie nachhelfend, und als er getrunken hatte und sich rülpsend nach vorne beugte, durchfuhr mich der nächste eisige Schreck. Ich sah nämlich jetzt deutlich, dass dort, wo sein Blondhaar sich einst geringelt und gekraust hatte, auf seinem Kopf also, dass sich dort plötzlich eine weiß gepuderte Glatze ausbreitete – oder, genauer gesagt, nicht eigentlich eine totale Glatze, sondern eine schreckliche weiße Leere mit einem roten Hahnenkamm in der Mitte.

Dies war der Augenblick, in dem ich mit mir selbst zu reden anfing. Nein, ich konnte nicht mehr zurechtkommen, ohne zu reden, laut oder leise, ich weiß nicht mehr. Opa, erschrick nicht, sagte ich ernsthaft zu mir, erschrick jetzt nicht, Opa, hörst du; für Schrecken ist jetzt gar keine Zeit, Opa, du musst jetzt handeln.

Aber ich handelte nicht, noch nicht. Ich sah, dass noch etwa zehn ähnliche Gestalten, die alle lärmend ebenfalls Bier tranken, um Luzius herumstanden, und ich hatte Angst. Vor allem aber hatte ich jegliche Ahnung auch nur der geringsten Übersicht verloren. Ich zwang mich daher, die Zigarillos zu kaufen, zwang mich, ruhig Schritt für Schritt meine Füße betrachtend, nach Hause zu gehen, setzte mich dort in meinen Sorgenstuhl und begann zu rauchen.

Sechs Zigarillos brauchte ich, um wieder handlungsfähig zu werden. Zwei rauchte ich, um die Pulsfrequenz zu senken, darauf zwei weitere, um die Idee zu entwickeln, einerseits – Herrn Seeligmanns These folgend – mit Liebe und Verständnis im Herzen zum Siegfriedplatz zurückzukehren, andererseits aber mich dabei gegen allerlei Unwägbarkeiten zu wappnen, und zwar durch Mitnahme meiner Gaspistole, die sich ja schon gegen die Maulwürfe so gut bewährt hatte.

Dann – unter dem Einfluss der letzten zwei Zigarillos – begriff ich, dass ich das alles wirklich tun musste. Wie denn auch nicht? Das Meerschwein war tot, der Kollege des Herrn Seeligmann angespuckt, der Hahnenkamm stand! Etwas Ernsthaftes musste getan oder zumindest versucht werden, und zwar sofort, ehe ich mitschuldig daran wurde, dass der arme Junge – denn mein armer Junge, das war er für mich jetzt mehr denn je – sich noch mehr Gräuel ausdachte und verübte.

Also steckte ich, während der letzte Rest an Unschlüssigkeit mit dem letzten Zigarillorauch zum Fenster hinaus entwich, meine Maulwurfpistole, eine Röhm, geladen mit fünf Schuss, in die Hosentasche und ging los.

Es war später Vormittag, als ich wieder auf dem Siegfriedplatz ankam. Etwa zehn Typen, wäre ich noch etwas älter gewesen, hätte ich sie möglicherweise »Kinder« genannt, saßen da auf der Roxy-Treppe, hörten Kofferradio, tranken Bier aus Dosen und rülpsten. Einige sangen unentwegt »humba, humba«, andere hatten sich für »täterä« entschieden, eine dritte Gruppe hatte keine Einfälle gehabt und schwieg. Zu dieser schweigsamen Gruppe, die auf der obersten Stufe nahe dem Treppenabsatz saß, gehörte Luzius Timotheus – zusammen mit drei Mädchen, die wie Zuchtbullen dicke Ringe in den Nasen, am Leibe aber lange schwarze Priestergewänder trugen. Die anderen Gruppen, die sich nahe der untersten Stufe platziert hatten, bestanden nur aus Jungen, alle in schwarzen Lederjacken, große unförmige Schaftstiefel an den Füßen, die mich an die »Knobelbecher« meines Vaters aus dem Zweiten Weltkrieg erinnerten, und alle mit Hahnenkämmen auf den Köpfen, großen und kleinen, roten, gelben und grünen – wie eine Versammlung märchenhaften Federviehs, das da also aus Leibeskräften sang.

Ich nahm neben Luzius auf der obersten Stufe Platz. Der dargebotene Gesang störte mich erheblich, verlegen und auch wieder unsicherer geworden, wie ich war; doch ich hatte mich kaum gesetzt, da erhob sich jemand aus einer der Gruppen unten, ein wirklich sehr fetter junger Mensch mit so langen Hosenträgern, dass ihm die segelartig im Sommerwind wehende Hose bis in die Kniekehlen hing, und hob schreiend einen Arm, worauf alle Kehlen verstummten.

Ich öffnete den Mund, um etwas zu Luzius zu sagen, aber der mit den Hosenträgern hob wieder schreiend die Hand, und ich verstummte in meiner Verlegenheit auf dieses Zeichen hin, wie die anderen verstummt waren, und biss mir auf die Lippen. Der mit den Hosenträgern schlurfte daraufhin in die Mitte der Treppe, wo das Kofferradio stand, schaltete die Musik aus, stampfte die Treppe zu mir hinauf, baute sich vor mir auf, sodass das Segel seiner Hose mir flatternd jede Sicht nahm, und sagte: »Opa, verpiss dich!«

Opa, du bleibst da, sagte ich aber zu mir selbst, du bleibst da und fängst dein Werk an! – und ich rückte näher an Luzius heran, stieß ihn vertrauenheischend in die Seite und sagte mit möglichst fester Stimme:

»Deine Mutter grämt sich zu Tode, Luzius. Komm mit nach Hause, Lux!«

Luzius sah mich nicht an, sah starr an mir vorbei, knirschte aber zwischen den Zähnen hervor:

»Opa, du Schwein!«

Der mit den Hosenträgern musste es gehört haben.

»Schwein? Ein Schwein ist unter uns?«, lachte er schrill auf. »Hast du das gehört, Jesaja? Das Schwein muss aber fort, nicht wahr? Darum geh hin, Jesaja, und sag dem Schwein, es soll sich verpissen!«

Aus der unteren Reihe bunter Hahnenkamm-Köpfe kam daraufhin einer hoch, ein sehr kräftiger, muskulöser Junge, der eine Motorradbrille auf die Stirn geschoben hatte und sich jetzt einen schwarzen, sehr breitkrempigen Schlapphut auf den grünen Hahnenkamm setzte.

»Verpiss, verpiss, verpiss!«, schrie er, indem er den Hut sogleich wieder absetzte und, ihn schwenkend und wedelnd, auf mich zukam. »Stalin sagt, du sollst dich verpissen, hörst du!«

Verzweifelt brachte ich meine Lippen dicht an Luzius' Ohr und flüsterte:

»Luzius, Luzius, Luzius! Tu uns das

nicht an! Tu es dir nicht an! Tu es Gott nicht an!«

Mitten in meiner Rede spürte ich aber etwas Kaltes, Feuchtes in meinem Nacken, fuhr herum und sah Jesaja mit dem Schlapphut und der Motorradbrille über mir stehen, eine Bierdose in der Hand, deren Inhalt auf mich niederplätscherte.

»Biertaufe! Hu! Jesaja hält Biertaufe!«, schrie irgendjemand, dessen Standort ich nicht ausmachen konnte.

Noch heute kann ich ehrlicherweise nicht verhehlen, dass ich ein gewisses Maß an Hochachtung für mich selber hege, wenn ich daran denke, dass ich, der ich keineswegs zum Helden geboren bin, angesichts dieser Lage die Nerven behielt. Ich erkannte aber in diesem Augenblick, da das Bier auf mich niederrieselte, da auch mein Enkel wieder anfing, mich unbekümmert »Schwein« zu nennen, dass ich so den angesagten Kampf nicht gewinnen konnte. Ich musste, durchfuhr es mich kalt und klar, eine entschlossene Attacke reiten. Wie aber um Gottes willen das?, dachte ich.

Mit unklaren Vorstellungen noch sprang

ich zunächst auf, denn ich musste schnell handeln, das stand fest. Als ich dem Schlapphut gegenüberstand, begann er, da er die Flüssigkeit nun nicht mehr auf mich niedergehen lassen konnte, das Bier aus der Dose mit zuckenden Bewegungen, gewissermaßen aus den Handgelenken, gegen mein Gesicht und besonders meine Nasenlöcher zu spritzen. Die zuckenden Bewegungen ließ er dabei, leicht springend, mehr und mehr auf den ganzen Körper übergehen, sodass die unmäßig breit hängende Krempe seines Hutes auf und ab wippte wie die Ohren eines Cocker-Spaniels.

Attacke!, dachte ich, inzwischen eisern entschlossen, jetzt Attacke zu reiten! Und während die Spaniel-Ohren vor meinen Augen noch wippten und das Bier noch spritzte, wusste ich plötzlich, wie ich es machen musste, wusste und sah vor mir, wie ich einen Überraschungseffekt geschickt ausnutzen konnte, und wusste vor allem, dass ich fit genug war, um es zu schaffen.

Das anhaltende Spritzen und Wippen gab mir Zeit, auf jenen günstigen Augenblick zu warten, in dem mein Gegenüber die rechte Hand leicht sinken ließ. Kaum war diese entscheidende Sekunde gekommen, sprang ich vor, versetzte dem Arm des Bierspritzers einen heftigen Handkantenschlag, sodass er die Bierdose fallen ließ, die wie unter Protest davonholperte, sprang wieder zurück, dann wieder vor, indem ich im Sprung sozusagen das rechte Bein zückte, dann dasselbe Bein erst vor und darauf nach oben schnellen ließ, und landete im Anlauf einen wuchtigen Tritt mitten auf der Brust meines Gegners. Jesaja stieß eine Art Urschrei aus, griff nach seinem Hut, der unvorhergesehen eine Handbreit höher in der Luft stand, und sank um wie ein gefällter Baum.

»Huh äh, huh äh!«, schrie er, als er auf dem Boden angekommen war. »Was ist das? Stalin, hilf mir!«

Und wirklich, ehe ich noch die neue Situation ganz begriffen hatte, war der Gerufene mit seiner ganzen Leibesfülle schon bei ihm am Boden. Er setzte dem Jesaja liebevoll seinen Hut wieder auf, drehte sich aber fast in demselben Augenblick mit einem Ruck um und hatte plötzlich ein geöffnetes Klappmesser in der rechten Faust. Wie ein riesiges, vorweltliches Insekt mit hahnenkammbewehrtem Kopf und unter dem Leib verborgenen Beinen hockte er da, starrte mich an und ließ das Messer blitzen.

Diesmal, aufgrund meines guten Erinnerungsvermögens, die rechte Hand mich rückversichernd in der rechten Hosentasche, wusste ich sofort, was zu tun war. Den Gegner fest im Auge, trat ich mit großen Schritten vor und rief mit Stentorstimme: »Verpiss dich, oder es knallt!«

Und als er darauf halb verwundert, halb höhnisch Grimassen zu schneiden versuchte, hatte ich, ebenso plötzlich wie er sein Klappmesser, meine Gaspistole in der Hand, trat weiter auf ihn zu und drückte ihm das kühle, kantige Eisen an die Schläfe.

»Weg mit dem Messer und verpissen!«

Stalin hatte die Augen weit aufgerissen, aber er sah mich nicht an, als er das Messer fallen ließ. Ganz langsam, in Zeitlupe, spreizte er erst den Daumen, dann die Finger ab und ließ es fallen, und ich nahm das blitzende Ding und steckte es so beiläufig ein, als sei es mein gewohntes Geschäft, täglich gefährliche Täter am Tatort zu entwaffnen. Als er dann die Stufen hinabging, vor Schreck nicht mehr schlurfend, folgte meine Pistole jedem seiner wachen, erschrockenen Schritte. Er kam an Jesaja vorbei, der sich inzwischen wieder aufgerafft hatte und ein leises, trotziges »Humba! Humba!« anstimmte, dann an dem Rest der Jungen auf der unteren Treppenstufe, und jedes Mal, wenn Augenpaare mich halb verstört, halb ungläubig ansahen, gab der Lauf meiner Pistole unmissverständliche Winke. Einer nach dem anderen erhoben sie sich bei diesen Winken, höhnische Rufe ausstoßend zwar und Bierdosen kickend, aber sie entfernten sich doch, einer hinter dem anderen hergehend, im Gänsemarsch fast, und dies um so schneller als ich meine Bewegungen mit möglichst grob ausgestoßenen Drohungen mischte wie: »Gleich pfeif ich die Bullen ran!« oder: »Ich mach euch alle zu Knastbrüdern!«

Als sie fort waren – nichts anderes als ein Spuk schienen sie auf einmal im Angesicht der leeren Roxy-Treppe gewesen zu sein –, wandte ich mich Luzius zu, den ich natürlich auch vorher heimlich im Auge behalten hatte. Die drei nasenringgeschmückten Mädchen in den priesterlich schwarzen Gewändern, die neben ihm gehockt hatten, waren ebenfalls fort, offenbar beim Auftauchen von Messer und Pistole davongehuscht. Luzius saß allein auf dem oberen Treppenabsatz. Er sah mich an mit seinen blauen Augen, und ich weiß noch, wie verblüfft ich war, denn seine Augen und der ganze Ausdruck seines Gesichts erinnerten mich an die Miene eines jungen Hundes, wenn er, wach und mit nach vorn gestellten Ohren, die Stirn leicht faltig, fragend und wedelnd ein erstaunliches Spielzeug betrachtet.

Rührung, tiefe Rührung wollte mich bei seinem Anblick überkommen, auch so etwas wie Freude nach dem Sieg – zusammen mit dem Bedürfnis, mich nach der Anstrengung einfach fallen zu lassen –, aber würde ich jetzt, wenn ich dem nachgab, nicht alles verspielen? Wie verhielt es sich denn wirklich mit dem einsamen Jungen, der dort oben auf dem Treppenabsatz allein zurückgeblieben war? »Opa, du Schwein!«, hallte es noch in meinen Ohren wider. Fing die wahre Arbeit womöglich jetzt erst an?

Ich trat also, innerlich wie äußerlich gewappnet, die Pistole noch im Anschlag, hinter meinen Enkel, drückte mein rechtes Knie spitz in seinen Nacken und stieß gleichzeitig ein möglichst unartikuliertes Knurren aus.

»Steh auf! Wir gehen nach Hause!«

Luzius erhob sich. Er erhob sich, wie die anderen es getan hatten, ging die Stufen hinab wie die anderen, aber er schüttelte den Kopf, drehte sich um, schüttelte wieder den Kopf und ging merkwürdig leicht. Der rote Hahnenkamm auf seinem Kopf wippte in alle Richtungen, und die Lederjacke, die er im Nacken zurückgeschoben hatte, wirkte, als wollte sie vor Leichtigkeit von ihm abfallen.

So kamen wir – ein ungewohnt sorgloser Bösewicht und ein eher schamhafter Pistolero – die leere Brunhildenstraße entlang bis zur Ecke Guntherstraße, wo damals am Rande eines unbebauten Grundstücks eine Gruppe von fünf hohen Birken stand. Dort blieb er stehen und sah mich wieder mit seinem blauen Blick an, diesmal sehr lange. Dann trat er rückwärts einen Schritt unter die Birken, wie um mich besser im Ganzen sehen zu können, und sagte: »Bühnenreif. Das war echt bühnenreif, Opa!«

Ich holte tief, tief Luft und ließ die Pistole sinken.

»Man gibt sich Mühe«, sagte ich.

»Echt, Opa!«, sagte er wieder. »Wie du den Jesaja umgenietet hast! Den Stärksten! 'n gewaltiger Drive! Du hast 'nen gewaltigen Drive! Echt!«

Sollte ich die Pistole wegwerfen – weit hinter die weißen Birkenstämme? Ich grinste und sagte: »Ja, den hab ich. Den Drive hab ich.«

Jetzt grinste er auch.

»Ja, hast du. Und weißt du was? Du bist'n wirklich komischer Opa!«

»Was?«

Er war wieder aus den Birken herausgetreten, nickte und grinste, nickte und grinste.

»Verstehst du? ... 'n Cooler ... Der allercoolste Opa! Ich meine, du hast so geil durchgegriffen, wie sechs Mann, eh?«

»Wie sechs Mann? Du meinst …? Du erkennst das an? Du meinst … ich bin in Ordnung? Alles … in Ordnung?«

Ich war verlegen. Wirklich, alles war auf bestem Wege, aber jetzt war ich verlegen, und ich streckte abwechselnd die linke und die rechte Hand nach ihm aus, dann nur noch die rechte, dann gar keine mehr. Schließlich ergriff Luzius meinen Arm.

»Gehen wir nach Hause!«, sagte er, indem er mich mit sich zog. »Wenn ich gewusst hätte, dass du so 'n geiler Typ bist, dann … dann …«

»Dann?«

»Ach, ich weiß nicht«, sagte Luzius, »dann lebte vielleicht das Meerschwein noch?«

Er sah von mir fort, weit in die Ferne, und ich dachte: Na, Opa, jetzt aber kein Wort mehr! Sollten denn zu guter Letzt etwa noch Tränen kommen, ganz unpassende, uncoole?

Katinka Buddenkotte

Lenny oder Der Mann ihrer Träume

Bis ich vierzehn war, hatte ich nicht geglaubt, dass es auch mal von Vorteil sein könnte, eine ältere Schwester zu haben. Doch dann brachte sie mir etwas bei, was mir für den Rest meines Lebens von großem Nutzen sein sollte. Denn sie tat etwas, was eine Frau nie tun sollte: Sie brachte ihren ersten Freund mit nach Hause.

An jenem bewussten Sonntag bereute ich es ebenfalls erstmalig, in einem so aufgeklärten und offenen Haus wie dem unserer Eltern aufgewachsen zu sein. Wir befanden uns alle im Wohnzimmer, meine Eltern sahen fern, ich pubertierte dazu, und mein kleiner Bruder kinderte auf dem Boden herum.

Wir hörten, wie die Wohnungstür geöffnet wurde, und vernahmen zwei Stimmen aus der Diele. Eine klang beinahe männlich. Meine Eltern sahen sich bedeutungsvoll an. Meine Mutter reagierte blitzschnell und knotete ihren Bademantel zu. Mein Vater schaute hilfeheischend nach einem Oberhemd, ich hörte zur Abwechslung mal damit auf, mir meinen Unterarm mit Texten von *The Cure* vollzukritzeln. Selbst mein Bruder schien sich des Ernstes der Lage bewusst und stellte das Sabbern ein. Fremder Mann im Anmarsch. Erster Freund von großer Tochter. Vielleicht was Ernstes. Er sollte unsere Familie nicht gleich von ihrer lässigsten Seite kennenlernen.

Meine Schwester schien ihren Lover erst noch in der Diele zu instruieren, sodass meine Restfamilie geschlagene fünf Minuten angespannt und übertrieben aufrecht sitzend abwartete, dass der Mann präsentiert werden würde. Die Tür öffnete sich einen Spalt breit. Meine Schwester lugte ins Zimmer hinein. Hinter ihr wuselte auch etwas herum, etwas Lebendiges. Meine Schwester griff hinter sich, zog den Menschen hervor und sagte: »Das is' Lenny.«

Wir verharrten weiter in Erdmännchenmanier. Lenny war ein strähniger Pickel. Er hatte ein *Megdeath*-T-Shirt über seiner Hühnerbrust und Cowboystiefel an den

Enden seiner O-Beine. Er hatte die unvermeidliche Steckdosen-Nase und wahrscheinlich auch das Mofa, das jeder erste Freund haben muss. Er war klein. Zu klein, als dass meine hünenhafte Familie ihn als »Mann« hätte deklarieren können. Bestenfalls als »Jungchen« würde er durchgehen, eher noch als »Lumpi«.

Mein Bruder brach endlich das Eis und hieß Lenny mit einem feuchten Furz willkommen. Meine Mutter versuchte, ihr Grinsen zu unterdrücken, und täuschte ein Lächeln vor.

»Lenny«, sagte sie schließlich, »kommt das von Leonard?«

Lenny, der schon fast wieder rückwärts durch den Raum entwischt wäre, hätte meine Schwester ihm nicht den Weg versperrt, lächelte dankbar zurück: »Nee, ich komm von Dortmund.«

Mein Vater stellte sich einfach schlafend, was nicht besonders überzeugend kam, da er immer noch aufrecht saß.

Lenny hätte jetzt eine gute Gelegenheit gehabt, zu verschwinden, denn meine Schwester war vor Scham im Erdboden versunken. Aber er, das Lenny, schien sich jetzt offenbar wohler zu fühlen. Er erinnerte sich sogar daran, dass es angebracht sei, jedem die Hand zu schütteln. Unglücklicherweise fing er bei meinem Bruder damit an. Wenn man nach all den Körperflüssigkeiten gegangen wäre, die mein Bruder ihm nun übergeben hatte, hätte Lenny spätestens jetzt zur Familie gehört.

Ich verspürte einen Anflug von Mitleid für die Anwesenden. Einmal für Lenny, der versuchte, sich unauffällig die Hand an seiner domestosgebleichten Jeans abzuwischen. Dann natürlich für meine Eltern, die sich die ganze Sache irgendwie anders vorgestellt hatten. Es kamen sogar solidarische Gedanken gegenüber meiner Schwester auf: Normalerweise war ich es, die undefinierbares Zeug mit nach Hause schleppte – wobei ich mittlerweile schlau genug war, dieses so schnell wie möglich und unauffällig in mein Zimmer zu schaffen.

Meine Schwester war indessen aus ihrer Erdspalte hervorgekrochen und gliemte in meine Richtung. Ihr Blick war schwer zu deuten. Entweder sollte ich dem Lenny lieb die Hand geben oder ihn erschlagen. Ich entschied mich für ein Mittelding und erwähnte intelligenterweise, dass ich die Schwester meiner Schwester sei. Lenny verprasste daraufhin seinen letzten Bonuspunkt bei mir, als er zur längsten Rede seines Aufenthalts anhob: »Ja, das dachte ich mir. Ihr seht euch sehr ähnlich. Ihr habt beide blaue Augen und blonde Haare. Aber deine Schwester hat den größeren … Mund. Dafür hast du die größere Nase.«

Lennys letzte Stunde. Ich sah meine Schwester mit Bedauern an. Ich konnte nichts mehr für Lenny tun. Ich gab ihm die Hand und brach ihm dabei den kleinen Finger. Er sah mich erstaunt an, irgendein Urinstinkt befahl ihm, nicht zu schreien.

Meine Mutter besann sich plötzlich darauf, irgendetwas Mütterliches zu tun, ganz egal, wer oder was ein Lenny war. Sie sprang auf, hechtete zur Tür und sagte: »Ich mach mal Kaffee, was?«

Lenny sah sie an, als ob er seinen Faustkeil irgendwo verlegt hätte. Mein Vater schnaufte, nur mal so. Lenny sagte: »Gibt's auch Kuchen? Oder Kakao?«

Was meine Mutter dazu bewog, meine Vorstellung noch zu toppen: »Ach ja, ich bin die Waltraud. Waltraud Buddenkotte. Frau Buddenkotte, ja, die bin ich.«

Sie drückte Lennys Hand, ich vernahm ein erneutes Knirschen. Dann ging sie, um weg zu sein. Mein Vater schnaufte, öffnete dabei aber die Augen. Als Leitbulle des Clans musste er wohl das Allerdämlichste sagen, damit seine Autorität nicht ins Wanken geriet: »Ich bin der Mann der Frau. Der Vater von der Tochter. Von allen Kindern hier.«

Meine Schwester war wohl als Einzige gegen das *Ich-Lenny-du-hirntot*-Syndrom gewappnet. Sie packte Lenny beim Schlafittchen und sprach einen guten Satz mit gutem Sinn: »Lenny und ich wollten noch woandershin. Wir trinken dann demnächst mal Kaffee, nicht?«

Lenny grinste und winkte, während meine Schwester ihn abtransportierte.

Schade, meine Mutter hatte das Finale verpasst. Sie kam zurück ins Zimmer, stellte das Tablett auf den Tisch und sah meinen Vater an, mit dem Blick, wie nur Eltern ihn richtig gut draufhaben: bedeutungsschwanger, suchend, etwas leidend, aber irgendwie über den Dingen stehend. Dann bekam sie den heftigsten Lachanfall seit Menschengedenken. Mein Vater folgte ihrem Beispiel, mein Bruder giggelte grundlos mit. Ich vergaß meine mühsam antrainierte Düsternis und gackerte ebenfalls.

Meine Mutter hielt schließlich inne und fragte sinnierend in den Raum: »Das war nicht ihr Ernst, oder?«

Worauf mein Vater prustete: »Nee, das war ihr Lenny.«

Meine Eltern fielen sich kreischend in die Arme und rollten unter den Kaffeetisch.

Langsam wurde mir etwas unwohl. Was meine Eltern da vollführten, war kein Ausdruck der Heiterkeit mehr. Es war das Lachen der Verzweifelten. Nicht dass ich scharf darauf war, den oder das Lenny in unser Familienleben zu integrieren, aber von meinen Eltern hätte ich erwartet, dass sie so etwas wie Haltung oder zumindest Gleichmut zeigen würden. Im vorwurfsvollen Ton, wie man ihn nur mit vierzehn gegenüber seinen Ernährern draufhat, ermahnte ich dieselben: »Was habt ihr denn erwartet? 'nen fertigen Anwalt mit Reihenhäuschen? Ihr seid solche Snobs. Snobs im Bademantel auch noch.«

Ja, im Klugscheißen und Anprangern war ich schon immer gut. Meine Eltern besannen sich ihrer Vorbildfunktion. Sie rollten wieder unter dem Tisch hervor und sahen mich reichlich beschämt an. Meine Mutter runzelte die Stirn.

»Tochter, ich hasse diesen rechthaberischen Ton an dir, besonders, wenn du recht hast. Ich muss jetzt mit deinem Vater allein reden – geh dir doch die Haare färben oder so, ja?«

Na klar, wenn Eltern mal wirklich Spannendes bereden wollen, wird man rausgeschmissen.

Ich lauschte noch eine Weile an der Tür. Ich verstand kein Wort, aber zumindest klang ihr Raunen ziemlich schuldbewusst. Ich hatte die Badewanne erst letzte Woche mit Farbe vollgesaut, also beschloss ich, meine Schwester zu suchen. Ich musste sie davon abhalten, mit dem Lenny-Ding durchzubrennen. Sosehr sie mich auch manchmal nervte und obwohl ich unter diesen Umständen wohl auch ihren Hamster erben würde – ohne sie würde es wohl ziemlich öde hier werden.

Ich fand sie ziemlich schnell – in der Speisekammer, wo man durch einen Luftschacht dem Gespräch unserer Eltern wesentlich besser lauschen konnte. Lenny war schon gegangen, er wollte noch an seinem Moped basteln. Sie wirkte nicht annähernd so traumatisiert, wie ich erwartet hatte. Sie lächelte mich sogar an.

»Na, das war wohl nix, was?«, bemerkte sie nüchtern.

Ich setzte mich neben sie.

»Na ja«, hob ich an, »für Mama und Papa ist das halt auch … gewöhnungsbedürftig. Bist du gar nicht traurig, dass Lenny gegangen ist?«

Ich hatte mir ein bisschen mehr Drama erhofft.

»Och«, sagte meine Schwester, »das war eh nur so eine Art Test. Eigentlich bin ich ja in Dirk verliebt. Aber der ist schon dreiundzwanzig und hat ein richtiges Motorrad. Der ist auch tätowiert und so. Ich dachte, bevor ich den hier anschleppe, versuch ich's erst mal mit Lenny und gucke, was passiert.«

In diesem Moment bewunderte ich meine Schwester zutiefst. Welche Weitsicht, welche Raffinesse. Vielleicht waren wir doch Schwestern im Geiste. Wie die allerbesten Freundinnen saßen wir auf der Kühltruhe, hörten, wie sich unsere Eltern ehrlich zerknirscht gegenseitig schworen, jedem Wesen, dass ihre Töchter durch die Tür führten, mit Wohlwollen und wenigstens geheucheltem Interesse zu begegnen. Sie wollten uns mehr Freiheiten und Entfaltungsmöglichkeiten lassen. Das hörte sich doch gut an. Meine Schwester zauberte eine Flasche Amaretto hervor und ließ mich zuerst daraus trinken. Dieser Tag war voller Überraschungen und Offenbarungen. Im Gegenzug zeigte ich meiner Schwester, wie man durch unser Zimmerfenster Dinge ins Haus schmuggelte, die elterlichen Augen zunächst besser verborgen blieben.

Als Dirk drei Monate später unser Haus erstmalig durch die Tür betrat, waren meine Eltern cool wie Streetworker. Vielleicht übertrieben sie es etwas, denn mein Vater wollte plötzlich unbedingt mit ihm Motorrad fahren, und meine Mutter fragte Dirk offenherzig nach einer geeigneten Körperstelle für ein Tattoo, aber das ist eine andere Geschichte und soll ein anderes Mal erzählt werden.

Osman Engin

Hochzeitssaison

Mein lieber Onkel Ömer,

wie geht es Dir, und wie geht es meiner lieben Tante Ülkü? Wie geht's der hübschen Kuh Pembe, wie geht's der schwarz gepunkteten Ziege Fatima, wie geht's Deinem störrischen Esel Tarzan, und wie geht's unserem guten alten Dorfvorsteher Hüsnü?

Lieber Onkel Ömer, Du weißt besser als ich, wie fröhlich und enthusiastisch in der Türkei die Hochzeits- und Beschneidungsfeste gefeiert werden. Du selbst bist doch das beste Beispiel. Jedes Mal kletterst Du sofort auf den Brauttisch, fängst mit Deinem berühmten Bauchtanz an und kommst nicht wieder runter, bevor der Bräutigam Dir nicht einen nagelneuen 100-Lira-Schein auf die Stirn geklebt hat.
Hinsichtlich dieser Feste unterscheiden

wir uns sehr von den Deutschen. Hier in Alamanya laufen solche Feiern fast unter Ausschluss der Öffentlichkeit und sehr diskret ab. Kein Mensch kommt auf die Idee, zu seiner Hochzeit tausend Leute einzuladen, und erst recht führt hier niemand vor den Augen von Tausenden wildfremden Menschen einen ekstatischen Bauchtanz auf dem Tisch des Brautpaares vor.

Wenn ein Mann in Deutschland überhaupt seine Hochzeit feierlich begeht, dann lädt er dazu ganz wenige Leute ein, höchstens die Braut und, wenn's hoch kommt, noch die Schwiegereltern. Wenn er seine Beschneidung feiert, dann nicht mal die. Vielleicht nicht mal sich selber! Viele Deutsche lassen sich nämlich überhaupt nicht beschneiden! Und heiraten tun sie noch weniger. Aber welche Frau möchte schon einen unbeschnittenen Mann heiraten?

Und falls einige deutsche Männer es doch noch tun wollen, heiraten meine ich, dann fahren sie nicht mit der gesamten Sippschaft zum Brautvater, um ihn offiziell um die Hand seiner Tochter zu bitten. Die armen Onkels und Tanten erfahren nämlich überhaupt nichts davon! Ja, nicht mal die eigenen Eltern! Einige wenige schon, aber meistens viel später, wenn sie zur Scheidungsparty eingeladen werden.

Lieber Onkel Ömer, Alamanya steckt in einem sehr großen Dilemma, wie Du siehst. Die deutschen Männer lassen sich nicht beschneiden, deshalb will sie keine Frau heiraten, und dadurch werden auch keine Kinder geboren, die beschnitten werden können. Ein Teufelskreis! Deutschland stirbt dadurch regelrecht aus!

Und was passiert immer, wenn die Deutschen sich auf einem Gebiet als unfähig oder als unwillig erweisen? Wir Ausländer müssen ran! Wir müssen die ganze schwere Arbeit übernehmen! Wir müssen ständig Kinder machen, wir müssen uns beschneiden lassen, wir müssen heiraten, und das Schlimmste ist, wir müssen diese ganzen Hochzeits- und Beschneidungsfeste von diesen Ausländern auch noch alle persönlich besuchen! Nicht mit leeren Händen natürlich! Bei uns auf dem Wohnzimmertisch stapeln sich bereits massenweise Einladungskarten für all diese Feste und auf der Kommode passend dazu die ganzen hübsch verpackten Geschenke.

Alle unsere Wochenenden im Juni und Juli sind seit Wochen ausgebucht. An einigen Tagen müssen wir sogar doppelt und dreifach ran.

Die türkischen Hochzeiten finden hier immer kurz vor den Sommerferien statt, damit man in der Heimat die neue Braut, den neuen Wagen oder den gestutzten Pimmel stolz der ganzen Verwandtschaft vorführen kann. Aber es wird natürlich erst dann in Alamanya geheiratet, wenn die Familie für den Sohn ein Mädchen in Deutschland finden kann, das aus der gleichen Gegend der Türkei stammt wie er selber. Wenn man aber eine Braut oder einen Bräutigam aus der Türkei importieren muss, dann findet die Hochzeit logischerweise einen Monat später während des Urlaubs in Anatolien statt.

Aber es gibt noch einen weiteren Grund für diese Ballung von Sommerhochzeiten in Deutschland, und das ist die unmögliche Lage der meisten türkischen Hochzeitssäle hier. Das sind alles riesige Hallen, die abgebrühte türkische Geschäftemacher aus pleitegegangenen Lagerräumen irgendwo im Industriegebiet zu sogenannten Ivent-Lokäischins umfunktioniert haben. Die Dinger stehen in der Pampa, und so was wie Wege, Straßen und Bürgersteige gibt es da nicht. Im Winter bleiben die sämtlichen türkischen Damen mit ihren feinen Stöckelschuhen und die ganzen frisch polierten Mercedes-Limousinen im Schlamm stecken.

Die armen Eltern! So ein Hochzeitsfest macht natürlich wahnsinnig viel Arbeit und kostet unheimlich viel Geld und Nerven, selbst ohne den lästigen Schlamm an den Schuhen.

Andererseits freuen sich die Eltern aber auch sehr darüber, denn in türkischen Familien starten ja normalerweise bereits einen Tag nach der Geburt des Kindes sofort die Hochzeitsvorbereitungen.

Die ganzen Jahre über wird Mitgift herangeschafft und die Einladungsliste durchgearbeitet, und es wird verzweifelt gegrübelt und gestritten, wen man von den Bekannten, Freunden, Nachbarn und Verwandten einladen sollte und wen nicht. Diese Listen werden ständig aktualisiert und ergänzt. Die im Laufe der Jahre in Ungnade gefallenen Bekannten werden aussortiert, und neue Auserwählte schaffen den Sprung auf die Liste. Wenn die Eltern mal überhaupt keinen Grund mehr zum Streiten finden, dann kramen sie halt sofort die Einladungsliste für die Hochzeit ihres Sohnes in sechzehn Jahren aus der Schublade. Deshalb kommt es öfter mal vor, dass eben wegen dieser Listen viele Eltern bei der Trauung ihres Kindes bereits geschiedene Leute sind.

Da die Deutschen ja nicht heiraten, brauchen sie auch niemanden zur Hochzeit einzuladen, und dadurch entfällt auch die hochexplosive Gästeliste. Ein sehr risikoscheues Volk, diese Deutschen, wie wir wissen!

Lieber Onkel Ömer, Du fragst Dich bestimmt die ganze Zeit, wie um Allahs willen ich es geschafft habe, ein so großer und international anerkannter Hochzeitsexperte zu werden. Nach all den Jahren kann ich Dir jetzt endlich den wahren Grund verraten, den ich die ganze Zeit geheim halten musste. Jetzt, wo unser geliebter Opa leider nicht mehr unter uns weilt, kann ich mit der ganzen Wahrheit rausrücken.

Du kannst Dich doch bestimmt noch daran erinnern, wie mein ältester Sohn Recep vor vier Jahren geheiratet hat.

Die Familie des Mädchens war streng religiös und ist es immer noch. Aber nicht dass Du denkst, die Familie besteht aus fanatischen Moslems. Nein! Die Familie des Mädchens besteht aus fanatischen Katholiken. Meine Schwiegertochter heißt Helga und kommt aus Ostfriesland. Wenn der Vater von Helga in ein fremdes Land fliegt, dann küsst er bei der Ankunft sofort den Boden. Nein, nein, jetzt denkst Du wieder was Falsches! Helga ist nicht die Tochter vom Papst, obwohl ihr Vater genauso viel in Urlaub fährt wie der.

Ich fasse also alles noch mal kurz zusammen: Recep wollte vor vier Jahren ein Mädchen aus Ostfriesland heiraten. Die Unglückliche heißt Helga, aber sie ist nicht die Tochter vom Papst, obwohl ihr Vater kirchlich anerkannter Bodenküsser ist.

Ich hatte im Prinzip eigentlich nichts dagegen, dass mein Sohn eine Christin heiraten wollte. Religion, Rasse und Nationalität spielen ja bei einem gebildeten Menschen wie mir selbstverständlich überhaupt keine Rolle. Ich bin der geborene Weltmann. Ich lege keinen Wert auf Äußerlichkeiten bei meinen Mitmenschen. Hauptsache, sie haben genug Geld.

Herr Schulz, der Vater von Helga, hatte auch nichts dagegen, dass seine Tochter meinen Sohn Recep heiratet. Auch bei ihm spielten Religion, Nationalität und Rasse logischerweise keine Rolle. Sein einziger Wunsch war, dass mein Sohn Recep auf der Stelle Christ wird, seinen türkischen Namen gegen einen germanischen tauscht und sich seinen Schnurrbart gelb färbt! Wenn es weiter nichts ist, das war doch alles überhaupt kein Problem.

Herr und Frau Schulz waren ganz schön verwirrt, als ich damals mit allen meinen dreiundvierzig Kumpels in insgesamt zwölf frisch gewaschenen Ford-Transits zu denen

nach Emden gefahren bin, um ordnungs-
gemäß um die Hand meiner Schwiegertochter Helga anzuhalten. Es könnte auch
sein, dass sie es etwas ungewöhnlich fanden, dass der zukünftige Bräutigam bei
dieser Invasion nicht mit dabei war. Mein
Ältester war sehr aufgeregt, hat die ganze
Zeit unglaublich stark gezittert, so, als hätte
er einen Malariaanfall, und wollte lieber in
der Pommesbude um die Ecke eine Brat-
wurst verdrücken und auf unsere hoffentlich gute Nachricht warten. Am Ende wurden einundzwanzig Bratwürste daraus, aber
für die tolle Nachricht, dass er seine An-
gebetete heiraten durfte, hatte es sich doch
gelohnt.

Drei Tage später wurde er mit seinem
frisch lackierten Schnurrbart zum Christen
ernannt. Mit allem, was dazugehört. Er
musste lateinische Sätze nachsprechen, die
wir nicht verstanden. Weil Recep sich verzweifelt wehrte, waren gleich fünf Priester
im Einsatz, um seinen Kopf in das Tauf-
becken zu stecken.

Natürlich bekam Recep auch einen neu-
en Namen: Rudi. Danach wurde er mit

Kruzifix um den Hals, nassen Haaren und neuem Namen kirchlich getraut.

Am drauffolgenden Samstag sollte die Hochzeitsfeier »im kleinen Kreis« stattfinden. Aber Helgas Eltern haben sich total zerstritten! Sie konnten sich über die Gästeliste nicht einigen, obwohl dort nur die Namen von zwei Leuten standen. Den Schwippschwager, den Frau Schulz einladen wollte, wollte Herr Schulz auf gar keinen Fall dabeihaben, und die Rosemarie, die Herr Schulz einladen wollte, fand Frau Schulz schon seit ihrer Kindheit unerträglich. Eminanim fuhr damals jeden zweiten Tag nach Emden, damit Frau Schulz ihren Scheidungsantrag wenigstens bis zur Hochzeitsfeier zurückziehen würde. Aber es hat nichts genützt, diese Ostfriesen sind sturer als Dein Esel Tarzan.

Ich tröstete das frisch vermählte Paar damit, dass wir in zwei Monaten in der Türkei sowieso eine richtige Hochzeit feiern würden, denn mein Vater und Eminanim wollten das unbedingt so haben.

Kaum waren Recep und Rudi verheiratet ... ich meine, Rudi und Helga verheiratet, kam der berühmte Brief aus der Türkei. Mein Vater hatte selbstverständlich nichts gegen eine Heirat seines Enkels mit einer deutschen Frau. Sie musste lediglich den islamischen Glauben annehmen, einen türkischen Namen bekommen und Kopftücher tragen. Und heiraten sollten sie natürlich nur in der Türkei, mit allen religiösen Ritualen, so wie es sich gehört.

Ich konnte Vater natürlich nicht sagen, dass die beiden längst verheiratet waren. Und erst recht nicht, dass mein Sohn Recep Christ geworden war. Ein ganz moderner Christ! Mit schwarzen Haaren, gelbem Schnurrbart und chronischer Erkältung. Mein Vater würde Recep-Rudi sofort verstoßen und mich gleich hinterher. Als kostenlose Zugabe auch noch die zweitgrößte Nervensäge des Mittleren Orients!

Deshalb fuhren wir in den Sommerferien mit der gesamten Familie, einschließlich der neuen deutschen Schwiegertochter, in die Türkei. Noch am Abend unserer Ankunft bekam Helga von einem echten Hodca den wahren Glauben verpasst. Meine Mutter band ihr ein großes Kopftuch um, mit großen, roten Rosen drauf. Die neue Schwiegertochter musste arabische Wörter nachsprechen, die weder sie noch wir verstanden. Aus ihrem Namen Helga machten sie Hülya. Aber im Gegensatz zu Recep hat man sie nicht gezwungen, ihren Schnurrbart umzufärben! In der Hinsicht ist die Türkei viel liberaler.

Früher war der eine Moslem, die andere Christ. Plötzlich wurde alles anders. Die Verhältnisse hatten sich total geändert. Jetzt war der eine Christ und die andere Moslem. Am Anfang hießen sie noch Recep und Helga. Danach hießen sie Rudi und Hülya!

Nach der religiösen Trauung in unserem Dorf musste natürlich standesgemäß die Hochzeit gefeiert werden. Wir hatten den großen Hochzeitssaal in der Kreisstadt angemietet.

Eminanim war mit den Nerven fix und fertig. Fünf Tage lang machte sie nichts anderes, als zusammen mit den anderen Frauen aus unserem Dorf Bohnen und Reis in riesigen Waschbottichen zu kochen und Hunderte Dönerspieße zu organisieren.

Einen Tag vor der Hochzeit fand im Haus meiner Eltern das Fest für die Frauen statt, wobei meine Schwiegertochter Helga und mein Sohn Recep traditionsgemäß Henna in die Hände geschmiert bekamen, damit sie am Hochzeitstag schöne rote Hände hätten. Mein praktischer Verbesserungsvorschlag, anstelle des altmodischen Hennas lieber eine Dose schnelltrocknenden Acrylux-Doraflex-Hochglanzlack zu verwenden, wurde leider mehrheitlich von den Frauen abgelehnt. In Halle 4 hatten wir nur gute Erfahrungen mit dem Produkt gemacht.

Wie Du Dich ja sicher noch erinnern kannst, sind wir dann am nächsten Tag mit allen Traktoren, die wir im Dorf hatten, und genau dreihundertsiebzig Leuten auf den Anhängern mitsamt dem ganzen Essen die dreißig Kilometer bis in die Kreisstadt getuckert, um Receps Hochzeit zu feiern. Aber kaum waren Recep und Helga aus meinem als Hochzeitswagen hübsch geschmückten Ford-Transit ausgestiegen, hielt ein riesiger blauer Mercedes-600 vor dem Saal. Und der Hallenmanager sagte mir verschämt, dass sie den Saal leider mehrfach vermietet hätten und dass das Mercedes-600-Paar seine Hochzeit zuerst feiern müsste. Er bitte um Verzeihung, aber das sei ganz normal und komme in den Sommermonaten sehr oft vor. Die 600 Gäste des Mercedes-600-Paares säßen auch bereits im Saal.

Eminanim bekam einen Tobsuchtsanfall, ich hatte sowieso einen Sonnenstich und Du hast die Mütze vom Vermieter auf den Boden geworfen und drauf rumgetrampelt.

Das Mercedes-600-Paar war aber auch nicht restlos glücklich. Die Braut brüllte den Bräutigam an, dass er nicht so abfällig über ihren kleinen Bruder reden dürfe – so nicht! Ihre Mutter kreischte, sie lasse ihre hübsche Tochter mit so einem blöden Kerl nicht verheiraten, der so unverschämt über ihren Lieblingssohn lästere. Die Mutter von dem Bräutigam brüllte, sie würde nie im Leben erlauben, dass ihr kluger Sohn die Tochter von so einer billigen Schlampe heirate. Die Braut jammerte, dass sie aber unbedingt heiraten wolle, weil sie nicht zu

Hause als alte Jungfer enden wolle. In dem Moment kam der besoffene Bruder der Braut angerauscht und scheuerte dem Bräutigam eine. Eminanim und ich gingen rechtzeitig dazwischen und haben einen Massenmord verhindert. Alle stiegen dann getrennt in ihre Autos und zischten ab.

»Eminanim, das ging ja noch mal gut, jetzt können wir endlich feiern!«, rief ich gut gelaunt. In dem Moment hielt ein langer Konvoi, angeführt von einem silbernen BMW-740, neben uns auf dem Parkplatz.

»Entschuldigung, aber ich sagte ja bereits, wir haben aus Versehen mehrfach vermietet, nach dem Mercedes-600-Paar ist eigentlich dieses BMW-740-Paar dran und erst dann das Ford-Transit-Paar«, entschuldigte sich der Vermieter erneut.

Die ganzen sechshundert Mercedes-600-Gäste mussten den Saal räumen, dafür quetschten sich dann die siebenhundertvierzig BMW-740-Gäste rein.

»Wird in der Türkei nach Schönheit der Automarken geheiratet?«, fragte mich Helga unglaublich enttäuscht.

»Nein, wenn es so wäre, dann müssten

wir doch mit unserem Ford-Transit zuerst dran sein«, tröstete ich sie.

In Deutschland mussten wir die Hochzeit wegen Gästemangel, in der Türkei wegen Platzmangel absagen.

Es ist wirklich wie ein Wunder! Selbst mit neuen Namen, vertauschten Religionen und zwei geplatzten Hochzeiten wurden die beiden glücklich!

Aber die spontane Ersatzhochzeit auf dem Parkplatz vor der Halle war eigentlich auch ganz nett, findest Du nicht?

Lieber Onkel Ömer, ich küsse Dir, Tante Ülkü und allen Älteren in unserem schönen Dorf ganz herzlich mit großem Respekt die erfahrenen Hände und allen Jüngeren mit viel Liebe die hübschen, unschuldigen Augen.

Eminanim und die Kinder grüßen Euch selbstverständlich auch und küssen den Älteren mit viel Respekt die Hände und den Jüngeren mit viel Liebe die Augen.

Pass gut auf Dich auf, bleib gesund, iss genug Knoblauch und danke fünfmal am Tag

Allah, dass bei allen Deinen fünf Söhnen die Hochzeitsfeiern schon beim ersten Mal geklappt haben!

Dein Dich über alles liebender Neffe aus dem langsam etwas wärmer werdenden Alamanya

Osman

Markus Orths

Wer geht wo hinterm Sarg?

Meine Großmutter wohnte in der unteren Etage unseres Hauses, und wenn ich an ihre Wohnung denke, erinnere ich mich zuerst an das Ticken der Küchenuhr und frage mich, woran es liegt, dass in Wohnungen alter Menschen die Uhren immer besonders laut ticken.

Als Junge habe ich meiner Großmutter oft vorgelesen, weil ihre Augen sehr schlecht waren, habe sogar manchmal mit ihr den Rosenkranz gebetet. Sie saß immer auf demselben Stuhl am Tisch und glaubte mit Haut und Haar an das, was sie betete.

Gestorben ist sie im Kreise der Familie. Allesamt sind sie da gewesen. Nur ich nicht. Ich war damals gerade ausgezogen und wohnte, weit weg, in Freiburg. Onkel Josef las, während sie starb, aus dem Gebetbuch vor. Da kam die Stelle, an der stand *Herr erbarme dich.* Danach folgte sozusagen als Regieanweisung in Klammern: dreimal. Das war für ungeübte Kirchgänger gedacht. Es bedeutete, dass man nun *Herr erbarme dich, Herr erbarme dich, Herr erbarme dich* zu sagen hatte. Mein Onkel war aber ein geübter Kirchgänger, und es ist mir schleierhaft, warum er nicht *Herr erbarme dich, Herr erbarme dich, Herr erbarme dich* sagte, sondern *Herr erbarme dich dreimal.* Alle lachten – so wurde mir erzählt – oder versuchten, das Lachen zu unterdrücken, und da starb meine Großmutter.

Ich mag diese Geschichte sehr. Die Vorstellung, dass meine Großmutter von einem Lachen umgeben ihren letzten Atemzug tat, weckt ein sehr beruhigendes Gefühl in mir, fast ist es, als hätte man dem Tod damit einen Zahn aus dem Maul gerissen.

Als ich zu Hause ankam, platzte ich in eine Lagebesprechung. So ein Tod hat einen verdammt langen Rattenschwanz. Mir war nicht klar, was da alles besorgt und erledigt und an was alles gedacht werden musste: Karten schreiben und verschicken, Telefonate führen, Aufträge vergeben, Sarg kaufen, Totengräber, Pfarrer, Grab, Grabstein. Ich saß still dort, und das Zimmer schwirrte nur so vor Hektik: Der Tod war da, aber niemand wollte ihn dahaben.

Man besprach den Ablauf der Exequien. Man wählte Lieder aus. Texte. Was hatte sie gemocht? Was passt zur Situation? (Ich sagte: Das Grab ist leer, der Held erwacht. Man sagte: Sei nicht so makaber.) Welche Fürbitten? Welche Lesung? Welcher Spruch auf den Totenzetteln? Welches Bild? Und: *Wer geht wo hinterm Sarg?*

Keine Spur von Empörung, eine ganz normale Frage, niemand erhob die Stimme, man sagte: Zuerst die Kinder der Toten (die vier Geschwister) und dann die Ehepartner der Kinder und dann die Enkelkinder und dann das Volk. Onkel Josef fragte, in welcher Reihenfolge die vier Geschwister zu gehen hätten, ob die Brüder zuerst und dann die Schwestern oder alle in einer Reihe? Man sagte, dass man wohl am besten eine Viererreihe bilde. Onkel Heinrich meldete sich und fragte, ob es nicht schöner wäre, wenn die vier Geschwister gemeinsam mit ihren Ehepartnern gingen? Das sei kein schlechter Vorschlag, sagte man, aber acht Leute passten nicht in die erste Reihe hinterm Sarg, sodass dann womöglich ein Schwiegersohn oder eine Schwiegertochter *vor* einem der leiblichen Kinder platziert sei, was natürlich nicht gut aussähe. Und Frau Scherger? (Großmutters beste Freundin.) Man kratzte sich am Kopf. Ob man sie in die Mitte nehmen solle? Nein, das würde ihr wahrscheinlich nicht recht sein, sagte man, sie sei ja auch nicht Teil der Familie, also sei ihr Platz wohl hinter den Enkelkindern, dort aber unmittelbar. Und Tante Maria?, fragte ich. (Großmutters Schwester.) Nicht doch, sagte man und schüttelte den Kopf, die ist doch schon tot. Ach, sagte ich. Ehrlich? Seit wann? Seit drei Jahren, lautete die Antwort. Dann sagte ich so ernst wie möglich, dass ich mich nicht mit meinem Platz in (aus Familiensicht) letzter Reihe zufrieden gäbe. Ich hätte mit meiner Großmutter schließlich unter einem Dach gelebt, hätte ihr oft genug vorgelesen, ja, sogar mit ihr den Rosenkranz gebetet. Ich, sagte ich, hätte ein Recht auf einen Platz in der ersten, und wenn das nicht ginge, so doch wenigstens in der zweiten Reihe, also in der Reihe der Ehepartner. Man überlegte hin und her, sagte, dass dann ja auch die anderen Enkelkinder Ansprüche anmelden könnten, nein, befand man, ich hätte mich in die ausgemachte Reihenfolge zu fügen, es täte ihnen leid, da sei nichts zu machen. Meine Tante Irmgard sagte nun, dass sie eigentlich nicht mit den anderen unmittelbar hinter dem Sarg, sondern ganz am Ende des Trauerzuges gehen wolle, allein, für sich, das wäre ihr lieber. Das ginge natürlich überhaupt nicht, sagte man einhellig. Meine Tante habe *auf jeden Fall* hinter dem Sarg zu gehen, wie alle anderen Geschwister auch, da die Leute sonst denken könnten, die Familie sei zerstritten. Nein, man müsse geschlossen hinter dem Sarg gehen, da gebe es überhaupt keine Diskussion. Ich sagte, man könne die Reihenfolge ja auswürfeln, und verließ den Raum.

Ich nahm Abschied von meiner Großmutter, indem ich sie im Totenhaus aufsuchte. Das war das erste und einzige Mal, dass ich einen toten Menschen vor mir liegen sah. Sie bewegte sich nicht, und ich sagte noch etwas, ehe ich mich umdrehte. Ich ging nicht zur Beerdigung meiner Groß-mutter und weiß bis heute nicht, wer wo ging, hinterm Sarg.

Jutta Profijt

Renntag

»Und d-d-d-deine Mutter kommt bestimmt nicht dahinter?«, fragte Didi.

»Ich habe euch doch schon hundertmal erklärt, dass sie keine Gefahr für uns ist«, entgegnete Jens genervt. »Die sentimentale Kuh starrt entweder alte Fotoalben an oder hängt vor der Glotze und träumt vom Auswandern.«

»A-a-aber das wollen wir doch auch.«

Jens verdrehte die Augen. »Richtig, du Schlaumeier. Und wir ziehen das auch durch. Wir sind jung, sprechen Englisch, wir kommen da draußen klar.«

»Aber die Schwester von deiner Mutter ist doch damals auch …«

Jetzt wurde Jens ärgerlich. »Ja und? Die ist mit einem G. I. vom Stützpunkt abgehauen, weil der Kerl sie geschwängert hat.«

»War der nicht aus Aus-Aus-Aus-…tralien?«, warf Didi ein.

»Neuseeland«, stellte Gregor fest.

Jens winkte ab. »Tante Sigrid war damals achtzehn und ein echt heißer Feger. Meine Mutter ist ihr Lebtag nicht aus dem Kaff hier rausgekommen – und jetzt schwängert die auch keiner mehr.«

Jens und Didi prusteten los.

»Abgesehen davon würde meine Alte im Ausland verhungern. Die isst ja noch nicht mal Pizza. Nee, ohne ihre Schweinskopfsülze, das Nackenkotelett oder den Sonntagsbraten mit Kartoffeln und Soße geht bei der nix.«

Quatsch, dachte Mathilde und beugte sich in der Dunkelheit etwas nach vorn. Seit vier Monaten aß sie kein Fleisch mehr, weil Fleisch essen wie Kanniballistik sei, sagte Luise, und die hatte es von ihrem Yogalehrer. Gewalt sei grundsätzlich tabu, auch gegen Tiere. Mathilde fühlte sich wirklich besser, seit sie viehgetarisch lebte. So ähnlich hatte Luise das genannt.

»Also noch mal«, fuhr Jens fort. »Auf deinem Stapel sind zweiundvierzig-, auf dem hier achtundvierzig- und da einundsechzigtausend. Macht zusammen, äh, ...«

»Hunderteinundfünfzigtausend Euro«, las Gregor vom Taschenrechner ab.

Stimmt. Das hatte auch Mathilde gerade im Kopf ausgerechnet.

»Hunderteinundfünfzigtausend Euro!«, krähte Didi.

»Das reicht nicht«, maulte Jens.

Natürlich nicht, dachte Mathilde. Dir reicht's ja nie. Unwillkürlich ballte sie ihre Fäuste in den Taschen ihrer geblümten Kittelschürze.

»Aber noch ein Überfall ist zu gefährlich«, gab Gregor zu bedenken.

Er war von den dreien immer am fleißigsten gewesen. Ein ernster, höflicher Junge, schon damals, als er noch mit Jens auf die Grundschule ging. Eine richtige Ausbildung hatte er später gemacht, im Büro. Aber dann war die Firma in den Osten gegangen, seine Freundin hatte ihn verlassen, und seitdem hing er wieder mit Jens und Didi herum. Dabei hätte er weggehen können. In der Stadt hätte er sicher Arbeit gefunden. Und eine neue Freundin. Eine Schande, dass er hier draußen versauerte.

»Am Wochenende ist wieder ein Rennen auf dem Ring«, sagte Jens. »Da gehen bei der großen Tanke an der Landstraße zigtausend Liter durch.«

»Und z-z-z-zigtausend Euro«, jubelte Didi.

»Das wäre dann der vierte Überfall in weniger als drei Monaten«, sagte Gregor. »Wenn die ihre Sicherheitsvorkehrungen verschärfen …«

»Quatsch«, unterbrach ihn Jens. »Die Tankstellen liegen viel zu weit auseinander. Die erste war fast bei Trier, die zweite bei Bitburg, die dritte in Schleiden. Drei verschiedene Gesellschaften. Kein Mensch kann jede Tanke von jeder Gesellschaft im Umkreis von zweihundert Kilometern sichern.«

Ein paar Sekunden war es still. Geduld und Umsicht waren noch nie seine Stärke gewesen, dachte sich Mathilde und verschränkte die Arme vor der Brust.

»Also, wie gehabt?«, fragte dann Gregor.

»Logo. Didi fährt die Karre, du stehst draußen Schmiere und ich geh rein«, erwiderte Jens. »Mit der Jagdflinte von meinem Alten.«

Genau so hatte es in der Zeitung gestanden. Natürlich ohne Namen. Das erste Mal hatte Mathilde gar nichts davon mitbekommen, bis Luise, ihre beste Freundin, ihr von dem Überfall erzählt hatte. Ihre Nichte arbeitete an der Tankstelle und litt seitdem an einem Traumsyndrom. Das war nicht genau das Wort, das Luise benutzt hatte, aber das richtige fiel Mathilde gerade nicht ein.

»Und die Kohle lassen wir solange hier«, sagte Jens.

»A-a-a-a-aber wenn deine Mutter ...«, jammerte Didi.

»Die hat kapiert, dass das hier mein Reich ist, in dem sie nichts zu suchen hat«, unterbrach Jens ihn mit diesem arroganten Grinsen, das er so gerne zur Schau trug.

Mathilde lächelte. Auf »sein Reich« und die dazugehörige einzige abschließbare Tür auf dem ganzen Hof bildete Jens sich furchtbar viel ein. Der ehemalige Melkstand war in monatelanger Arbeit zum »Studio« ausgebaut worden, wie der Sohnemann es sich gewünscht hatte. Hätte Jens seinem Vater allerdings damals bei dem Umbau geholfen, dann wüsste er, dass die Brandschutztür am hinteren Ende des langen Raumes nicht vom Stall aus zugemauert worden war, wie ursprünglich vorgesehen. Und die Tatsache, dass Jens und sein Vater damals auch zu bequem gewesen waren, den Lüftungsschacht zuzumauern, durch den die Abluft des einstigen Kühlaggregats in das Materiallager entweichen konnte, verschaffte Mathildes heimlichem Horchposten eine 1 a Tonqualität. Heute standen in dem kleinen Raum hinter der Brandschutztür die Waschmaschine und das Eingemachte und ab und zu Mathilde, um den Machenschaften ihres missratenen Sohnes und seiner Kumpel auf die Schliche zu kommen. Jens interessierte dieser Raum nicht, er wusste wahrscheinlich gar nicht, dass es ihn gab.

Mathilde rieb sich die müden Knie. Nach dem Tod ihres Mannes hielt sie den Hof ganz alleine in Ordnung, und sie war stolz darauf, auch wenn es immer anstrengender wurde. Sie war immer noch eine eindrucksvolle Frau, einen Meter achtzig groß, mit einem Kreuz wie ein Kerl und Händen, die was wegschaffen konnten. Die Frage war nur: Wofür? Für wen? Früher schien die Antwort klar zu sein, heute gab es keine mehr. Für Jens musste sie den Hof jedenfalls nicht erhalten. Der war sich für das Vieh und für schwere Arbeit immer schon zu fein gewesen.

»Also«, fasste Jens auf der anderen Seite der Tür zusammen, »wir nehmen die große Tanke an der Landstraße. Nach dem Rennen. Wir gehen um halb neun rein, da ist es gerade dunkel und die letzten Autos sind weg. Die Bullen sind dann schon auf Nachtschicht, aber der Geldbote kommt erst um neun. Das ist die ideale Zeit.«

»Alles klar?«, fragte Jens seine Kumpane.

»K-k-k-klar«, krähte Didi.

»Alles klar«, antwortete Gregor ernst.

Mathilde verließ ihren Horchposten. Sie hatte genug gehört und seufzte leise. Der Sohn, ein gemeiner Verbrecher. Auch die eigene Mutter hatte er bestohlen, wenn man das so nennen wollte. Auf den Hofanteil, den er von seinem Vater geerbt hatte, war eine Apothek, oder wie das hieß, eingetragen, deren Wert höher war als der Wert des Anteils. Das hatte sie erst vorgestern in Erfahrung gebracht. Der Junge pfändete ihr das eigene Haus unter dem Hintern weg. Und überfiel Tankstellen mit der Jagdflinte seines Vaters. Vor lauter Wut und Verzweiflung hatte Mathilde sich heute Morgen beim Kartoffelschälen tief in den Finger geschnitten. Was sollte sie bloß tun?

Am besten erst mal einen Kräutertee kochen. Kaffee ist giftig, hatte Luises Yogameister gesagt. Und tatsächlich ging es Mathilde besser, seitdem sie keinen mehr trank. Vom Magen her, und schlafen konnte sie auch wieder besser.

»Hände hoch, das ist ein Überfall!«, schrie Jens durch den Seidenstrick der Motorrad-Sturmhaube.

Die junge Frau hinter der Kasse, deren Wimperntusche bereits in breiten Streifen die Wangen hinunterlief, starrte erst ihn, dann sein Gewehr, dann wieder ihn an.

Schließlich brach sie in ein hysterisches Gelächter aus.

»Geld her!«, brüllte Jens mit sich überschlagender Stimme.

»Das geht nicht«, japste die Angestellte atemlos, dann kicherte sie wieder. Ihre Augen waren mindestens doppelt so groß wie normal, Tränen rollten über ihre Wangen.

»Kasse auf und weg da!«, schrie Jens und wedelte mit dem Gewehr in Richtung Kühlregal. Die hysterische Zicke zeigte auf die offenstehende Kassenlade und bewegte sich vorsichtig mit erhobenen Händen nach rechts. Jens blickte über die Theke. Die Kassenlade war leer. Er erstarrte.

»Waffe fallen lassen und Hände hoch«, ertönte da eine energische Männerstimme von der Tür. »Polizei!«

Jens stand immer noch reglos vor der leeren Kasse. Einige Tausend Euro hätten da drin sein sollen. An Renntagen kamen die Tankwarte gar nicht mit dem Kassieren hinterher, da standen manchmal zehn Leute gleichzeitig Schlange, um ihre sechzig bis hundert Peitschen für Super, Superplus und Diesel abzudrücken plus einen Schokoriegel oder einen Kurzen für den Weg. Unzählige der kleinen, dann leeren Fläschchen fanden sich im grünen Auge der Autobahnauffahrt wieder.

»Ist er das?«, hörte Jens eine andere Stimme hinter seinem Rücken fragen.

Die hysterische Zicke schüttelte den Kopf.

»Waffe weg!«, schrie die erste Männerstimme wieder.

Jens ließ das Jagdgewehr auf den Tresen fallen, hob die Hände, drehte sich langsam um und zog sich schließlich die Sturmhaube vom Kopf. Das Wiedererkennen im Gesicht des Bullen, der damals mit ihm auf der Realschule in der Parallelklasse gewesen war, nahm er wie durch einen Nebel wahr.

»Der Räuber war als Frau verkleidet«, schluchzte die Frau inzwischen dem zweiten Polizisten entgegen. »Mit einer Kittelschürze, einem schwarzen Mantel drüber und einem altmodischen schwarzen Strohhut mit so einer Art Schleier vorne dran. Ein riesiger Kerl mit solchen Händen.« Sie zeigte die Größe eines Klodeckels.

»Und Sie haben ihm das Geld gegeben?«, fragte der Polizist.

»Ja, was hätten Sie denn an meiner Stelle getan? Er hat gesagt, er hätte eine Pistole in seiner Handtasche.«

»Haben Sie die Waffe gesehen?«

Sie schüttelte den Kopf.

»Deine Komplizen haben gestanden«, sagte der Bulle aus der Parallelklasse zwei Stunden später zu Jens. Er war schon als Kind eine Petze gewesen. Brillengläser wie die Böden von Colaflaschen. Cola! Heißbegehrt, aber unerschwinglich für Jens damals. Seine Eltern kauften so etwas nicht und zum Selberkaufen in der Stadt war sie zu teuer gewesen. Der Arschkriecher hatte es da besser gehabt, sein Papi war beim Kreis beschäftigt. Heute war er also Beamter ohne Geldsorgen. Was wusste der schon?

»Aber wo ist die Beute aus den anderen drei Überfällen?«

Jens schwieg.

»Wenn du uns das Versteck verrätst, können wir die Sache mit dem Gewehr vielleicht vergessen. Es war ja nicht geladen.«

Jens schwieg weiter.

»Zwischen bewaffnetem und unbewaffnetem Raubüberfall liegen einige Jahre Knast.«

Einige Jahre!

»Finden werden wir die Beute sowieso. Die Kollegen sind schon mit einem Durchsuchungsbeschluss vor Ort.«

In Jens' Gehirn arbeitete es nun doch. Schließlich murmelte er widerwillig: »In meinem Studio.« Das hatte schon immer besser geklungen als Hobbyraum. »Hinter dem alten Milchtank.«

Die Petze lächelte mit zusammengepressten Lippen. »Das kannst du deiner Mutter erzählen. Deine Komplizen haben das auch schon geglaubt, aber die Polizei solltest du besser nicht bescheißen.«

Jens wurde blass. »Aber wenn ich es doch sage: Hinter dem Milchtank. Hundertpro. Einhunderteinundfünfzigtausend Euro in gebrauchten Scheinen. In einer Plastiktüte von der Raiffeisen ...«

Der Polizist schaute Jens regungslos an.

Da spürte Jens, wie die Übelkeit wie eine heiße Welle aus seinem Magen aufstieg und ihm schwarz vor Augen wurde.

* * *

... Eine Woche nach der Festnahme der drei Tankstellenräuber fehlt von der Beute weiterhin jede Spur. Auch die Mutter des Beschuldigten Jens P. ist bisher nicht wieder aufgetaucht. Ein Messer mit ihrem Blut, das in der Küche gefunden wurde, lässt ein Kapitalverbrechen befürchten. Jens P. bleibt daher weiter in Haft. Der Einzeltäter, der wenige Minuten vorher die gleiche Tankstelle ausgeraubt hatte, ist weiterhin flüchtig.

»Schwesterchen, das Essen ist gleich fertig. Wo steckst du denn?«

»Ich komme, Sigrid.«

Mathilde steckte den Zeitungsausschnitt zurück in den Brief, den Luise ihr geschickt hatte, und atmete tief die milde neuseeländische Luft ein. Wie gut, dass sie ihren Reisepass, mit dem sie damals zur Hochzeit ihres Neffen hatte fliegen wollen, immer wieder verlängert hatte. Wäre die Krankheit ihres Mannes nicht dazwischengekommen, hätte sie diese Reise schon viel früher angetreten.

»Und du bist sicher, dass dich zu Hause niemand vermisst?«, hatte Sigrid sie in den letzten Tagen immer wieder gefragt. »Ich freue mich ja so sehr, dich endlich hier zu haben. Jetzt, wo Ronny tot ist, tut mir deine Gesellschaft doppelt gut.«

»Ich kann bleiben, solange es dir gefällt«, sagte Mathilde und blinzelte lächelnd in die Sonne. »Ich habe zu Hause keine Verpflichtungen mehr.«

Herbert Rosendorfer

Im Park

PERSONEN: Ein Mann, Berndi, ein Bub von fünf Jahren (stumme Rolle), ein Polizist

Nacht. Auf einer Parkbank sitzt der Mann, er hält das Kind, das schläft. Der Polizist kommt.

POLIZIST: Sie, he – was machen Sie mit dem Kind da in der Nacht?

MANN: Berndi, steh auf, wir müssen gehen.

POLIZIST: Nein, Sie bleiben da. Ich möcht' z'erst wissen, was Sie mit dem Kind da machen. Berndi heißt er?

MANN: Ja.

POLIZIST: Sie können doch nicht mitten in der Nacht mit einem Kind auf einer Parkbank sitzen. Halbe drei.

MANN: Ja. Nein. Berndi, steh auf –

POLIZIST: Und überhaupt – wie kommen S' denn zu dem Kind?

MANN: Ja, mei. Wie man eben zu einem Kind kommt, nicht wahr.

POLIZIST: Das ist doch nicht Ihr Kind. Mit dem eigenen Kind sitzt man doch nicht auf einer Parkbank um halbe drei in der Nacht.

MANN: Nein, ja doch. Das heißt: schon, aber gewissermaßen doch nicht.

POLIZIST: Hauchen S' mich einmal an. *Der Mann haucht.* Betrunken sind Sie nicht!

MANN: Nein.

POLIZIST: Ist das Ihr Kind?

MANN: Nein, das heißt: ja. Im Moment gehört es mir. Noch.

POLIZIST: Wo wohnt das Kind?

MANN: Das Kind wohnt sozusagen im Augenblick überhaupt nicht. Gestern hat es gewohnt, morgen –

POLIZIST: Wie lange ist das Kind schon bei Ihnen?

MANN: Das Kind da?

POLIZIST: Selbstverständlich das Kind da. Was meinen S' denn, von was ich sonst red'? Wie lange haben Sie dieses Kind schon bei sich?

MANN: Seit – seit Geburt. Also: seit seiner Geburt. Mit Unterbrechungen.

POLIZIST: Aber Sie werden mir doch nicht weismachen wollen, daß das Kind hier auf der Parkbank zur Welt gekommen ist. Das Kind ist doch sechs Jahre alt, schätze ich.

MANN: Fünf.

POLIZIST: Auch fünf Jahre lang kann man nicht auf einer Parkbank sitzen.

MANN: Auf der Bank sitzen wir erst seit elf Uhr.

POLIZIST: Und wo waren Sie vorher?

MANN: In der »Wolfgangseiche«.

POLIZIST: Wo?

MANN: Das ist eine Gastwirtschaft.

POLIZIST: Ach so.

MANN: Aber da darf man mit einem Kind nicht bleiben bis elf Uhr, bis zehn Uhr schon nicht, glaube ich.

POLIZIST: Das glaube ich allerdings auch. Und zwar mit Recht.

MANN: Ja, ja. Deswegen sind wir ja auch gegangen aus der »Wolfgangseiche«.

POLIZIST: Haben Sie denn keine Wohnung?

MANN: Doch.

POLIZIST: Also Sie sind der Vater des Kindes und haben eine Wohnung?

MANN: Ja.

POLIZIST: Und die Wohnung ist – ja, ist Ihnen gekündigt worden oder – oder abgebrannt? Man bringt ja aus Ihnen nichts heraus. Sie haben eh' ein Glück, daß Sie mir begegnet sind. Ein anderer hätte Sie stante pede für einen Sittlichkeitsverbrecher gehalten.

MANN: Ja, das – das halte ich auch für möglich.

POLIZIST: Jetzt kommen S'. Sie sehen doch, das ist doch Unsinn. Mitten in der Nacht mit dem Kind im Park, und Sie sind noch nicht einmal betrunken. Jetzt kommen S', jetzt gehen S' heim.

MANN: Das geht leider nicht.

POLIZIST: Warum nicht?

MANN: Weil ich – weil also wir, also er, der Berndi, und ich, weil wir schon nachmittags nicht in unsere Wohnung können haben.

POLIZIST: So. Haben Sie den Schlüssel vergessen?

MANN: Nein, nein, den Schlüssel habe ich schon bei mir. Es ist wegen – es ist wegen der Mutter.

POLIZIST: Wegen welcher Mutter? Ihrer Mutter?

MANN *deutet auf das Kind:* Wegen seiner Mutter.

POLIZIST: Wegen Ihrer Frau?

MANN: Nein. Seine Mutter ist nicht meine Frau, also: war meine Frau, jetzt nicht mehr. *Leise, damit der Bub es ja nicht hört:* Gott sei Dank.

POLIZIST: Ach so – Sie sind geschieden.

MANN: Ja. Seit zwei Jahr'.

POLIZIST: Na ja. Das kommt vor. Aber was – aber wie, meine ich, hängt das damit zusammen, daß Sie mit dem Buben da mitten in der Nacht –?

MANN: Wenn ich's Ihnen doch sag'. Wie ich ihn, den Berndi, nachmittags aus dem Kindergarten geholt hab' –

POLIZIST: Der ist nachmittags im Kindergarten?

MANN: Ja freilich, wo denn sonst. Ich muß doch in die Arbeit.

POLIZIST: Ach so – das Kind ist also bei

Ihnen, ich meine, es ist Ihnen zugesprochen worden nach der Scheidung?

MANN: Zugesprochen ist zuviel gesagt. Sie hat es halt nicht mitgenommen, wie sie weg ist.

POLIZIST: Mhm.

MANN: Zugesprochen ist er mir nicht worden, also ausdrücklich.

POLIZIST: Ich verstehe.

MANN: Eben. Drum sind wir hier.

POLIZIST: Ich verstehe – damit habe ich gemeint, daß ich verstehe, daß Ihnen das Kind nicht ausdrücklich zugesprochen worden ist. Damit verstehe ich lang noch nicht, warum Sie hier sitzen.

MANN: Ach so. Ich habe gemeint, Sie verstehen jetzt schon alles. Ja, nein. Also, wie wir vom Kindergarten heimgekommen sind, also heimkommen wollten, genauer gesagt, wir sind nur vorn ums Eck, also vielmehr hinten ums Eck, je nachdem von wo man kommt, kennen Sie das Eck?

POLIZIST: Wie soll ich jetzt das Eck kennen –?

MANN: Wo die Frau Pieger ihren Milchladen hat –

POLIZIST: Ich kenne eine Frau Pieger, die hat aber keinen Milchladen, die habe ich einmal festgenommen, weil sie einen Hund geschlachtet hat. Das war 1946.

MANN: Ist das verboten, einen Hund zu schlachten?

POLIZIST: Nein, aber sie hat ihn nicht aufgetrieben, zur Fleischbeschau. Auch ein Hund muß einen Trichinenstempel haben, bevor man'n frißt – ißt, wollt' ich sagen.

MANN: Ach so –

POLIZIST: Das war 1946. In der schlechten Zeit, verstehen Sie? Da haben Sie auch schon einen Hund 'gessen, ohne daß Sie's wissen. Diese Frau Pieger aber war keine Milchfrau, das war eine Hebamme.

MANN: Eine Hebamme – die ihren Hund frißt – ißt wollte ich sagen?

POLIZIST: Es war gar nicht ihr Hund. Es war der Hund von ihrem Hausherrn. Aber der hat weiter nichts angezeigt, und so weiter, sonst wär's ein Diebstahl auch noch gewesen, nicht nur Verstoß gegen die Fleischbeschau-Verordnung. Da ist allerhand vorgekommen, 1946.

MANN: Wahrscheinlich war der Hausherr froh, daß der Hund weg war. 1946. Da war's nicht einfach, einen Hund durchzufüttern.

POLIZIST: Wahrscheinlich war er froh. Den Eindruck hatte ich auch, damals. *Wieder streng:* Aber was ist jetzt mit dem Buben –?

MANN: Ja, nein. Wie wir bei dem Milchladen von der Frau Pieger ums Eck sind, also wollten, genau gesagt, haben wir gesehen, wie er dort steht.

POLIZIST: Wer?

MANN: Der Gerichtsvollzieher.

POLIZIST: Der Gerichtsvollzieher?

MANN: Ja, und sie. Seine Mutter. Nicht dem Gerichtsvollzieher seine Mutter, die kenn' ich nicht. Seine Mutter, dem Berndi seine Mutter. Die habe ich übrigens auch fast nicht erkannt, weil sie jetzt ganz blonde Haare hat. Aber ich hab' sie dann doch erkannt.

POLIZIST: Mhm. Und dann –?

MANN: Dann sind wir umgedreht.

POLIZIST: In die »Wolfgangseiche«.

MANN: Nein, erst ins Kino. Laurel und Hardy. Sollst noch einmal eine Freud' haben, Berndi, hab' ich g'sagt.

POLIZIST: Die Mutter will ihn holen?

MANN: Ja.

POLIZIST: Mit'm Gerichtsvollzieher?

MANN: Ja.

POLIZIST: Warum mit'm Gerichtsvollzieher?

MANN: Weil ich'n freiwillig nicht hergeb', den Berndi.

POLIZIST: Na ja. Wenn S' ihn jetzt zwei Jahr' aufgezogen haben …

MANN: Ja.

POLIZIST: Zwei Jahre. Das ist für das Kind das halbe Leben, sozusagen, fast.

MANN: Fast.

POLIZIST: Und – ich meine, seit – also seitdem, daß Ihre ehemalige Frau – hat sie sich um den Berndi –?

MANN: Nein, nie.

POLIZIST: Mhm. Dann kennt er sie ja gar nicht mehr.

MANN: Hab' s' ich ja schon fast nicht mehr erkannt.

Kurze Pause.

POLIZIST: Sie hat wahrscheinlich einen Beschluß vom Gericht?

MANN: Ja.

POLIZIST: Ja, ja. Sonst könnt' s' ja nicht mit'm Gerichtsvollzieher kommen.

MANN: Ja. »Seit in den persönlichen Verhältnissen der Antragstellerin durch Eheschließung eine gewisse Konsolidierung eingetreten ist, steht einer diesbezüglichen Entscheidung nichts mehr im Wege.«

POLIZIST: Diesbezüglichen.

MANN: Ja, diesbezüglichen.

POLIZIST: »Das Wohl des Kindes erfordert …«? Et cetera?

MANN: Ja.

POLIZIST: Ja. Kennen wir.

MANN: »Auch das vom Gericht angezogene psychologische Gutachten kommt zu dem Schluß …«

POLIZIST: Angezogene …?

MANN: Ja.

POLIZIST: Ein psychologisches Gutachten?

MANN: Ja, aber das muß die Psychologin

irgendwie verwechselt haben. Die hat den Buben überhaupt nie gesehen!

POLIZIST: Eine Psychologin?

MANN: Ja, eine gewisse Frau Linz oder so.

POLIZIST: Eine, wo nicht selber spinnt, studiert so was gar nicht, wenn S' mich fragen.

MANN: Wenn s' spinnt, wär' mir das gleich. Nur: ich hab' mich erkundigt. Der Herr Linz oder so, der ist der Dame, also der Psychologin vielmehr, davongelaufen.

POLIZIST: Seitdem macht sie Gutachten für die Mütter.

MANN: Ja.

POLIZIST: Na ja. Und was wollen S' jetzt machen?

MANN: Gar nichts. Die Nacht, hab' ich mir gedacht, bleibt der Berndi noch bei mir. Morgen früh, natürlich, da muß ich 'n in Kindergarten bringen.

POLIZIST: Weil Sie in die Arbeit müssen.

MANN: Ja.

POLIZIST: Und dann holt s'n.

MANN: Ja.

Kurze Pause.

POLIZIST: Also, wegen mir – wegen mir

können S' ja sitzen bleiben, so lang S'
wollen. Aber wenn ein Kollege vorbei-
kommt, ein junger womöglich, der hält
Sie glatt für einen Sittlichkeitsverbrecher.

MANN: Wo soll ich denn hin?

POLIZIST: Der Gerichtsvollzieher wird doch
nicht die ganze Nacht dortstehen.

MANN: Doch. Das hat mir die Frau Pieger
noch schnell gesagt.

POLIZIST: Woher weiß das die Frau Pieger?

MANN: Weil der Gerichtsvollzieher und seine Mutter, also dem Berndi seine Mutter,
vorher bei der Frau Pieger gefragt haben,
wo wir wohnen. Und da hat die Frau
Pieger gehört, wie der Gerichtsvollzieher
dann vor dem Laden zu seiner Mutter
gesagt hat: Einmal muß er heimkommen,
da warten wir eben, und wenn es die ganze Nacht ist.

POLIZIST: Haben S' einen Ausweis dabei?

MANN: Ja, hier –

POLIZIST: Nein, lassen S'. Ich glaub's Ihnen.
Fast für sich: So was erfindet man nicht.
Wieder lauter: Auch vom Buben?

MANN: Ja.

POLIZIST: Dann – also wenn ein Kollege kommt, dann zeigen S' ihm halt gleich beide Ausweise, verstehn S'? Damit er nicht meint, daß Sie ein Sittlichkeitsverbrecher sind.

MANN: Ja, danke.

POLIZIST: Ja, ja, bitte. Und – fünf Jahre ist er alt?

MANN: Ja.

POLIZIST: Mit achtzehn werden s' volljährig, heutzutag'. Früher mit einundzwanzig, jetzt mit achtzehn. Dann kann er ja zu Ihnen wieder, ohne daß sie was machen kann.

MANN: Das sind dreizehn Jahr'.

POLIZIST: Ja, lang ist's schon. Aber auch dreizehn Jahr' vergehen.

MANN: In dreizehn Jahr'. In dreizehn Jahr' kennt ja der Berndi mich nimmer.

POLIZIST: Ja, ja, das könnte natürlich schon sein.

MANN: Ja, das wird so sein.

POLIZIST: Muß aber nicht.

MANN: Muß nicht, aber wahrscheinlich ist's schon.

POLIZIST: Ja, ja – also – wie g'sagt: Zeigen S'

sofort die Ausweise, wenn ein Kollege kommt.

MANN: Ja, danke.

POLIZIST: Bitte. Und dann – gute Nacht, noch.

MANN: Danke, gute Nacht.

POLIZIST: Gute Nacht.

Kurt Tucholsky

Wo kommen die Löcher
im Käse her –?

*Das Werk zwingt schon durch die Gelehr-
samkeit, die in ihm verkocht erscheint, Be-
wunderung ab, besonders einem Leser wie
mir, dessen Bildung an Emmentaler Käse
erinnert, indem sie wie dieser größtenteils
aus Lücken besteht.*   *Alfred Polgar*

Wenn abends wirklich einmal Gesellschaft
ist, bekommen die Kinder vorher zu essen.
Kinder brauchen nicht alles zu hören, was
Erwachsene sprechen, und es schickt sich
auch nicht, und billiger ist es auch. Es gibt
belegte Brote; Mama nascht ein bißchen
mit, Papa ist noch nicht da.

»Mama, Sonja hat gesagt, sie kann schon
rauchen – sie kann doch noch gar nicht
rauchen!« – »Du sollst bei Tisch nicht reden.« – »Mama, guck mal die Löcher in
dem Käse!« – Zwei Kinderstimmen, gleichzeitig: »Tobby ist aber dumm! Im Käse

sind doch immer Löcher!« Eine weinerliche Jungenstimme: »*Na ja* – aber warum? Mama! *Wo kommen die Löcher im Käse her?*« – »Du sollst bei Tisch nicht reden!« – »Ich möcht aber doch wissen, wo die Löcher im Käse herkommen!« – Pause. Mama: »Die Löcher … also ein Käse hat immer Löcher, da haben die Mädchen ganz recht! … ein Käse hat eben immer Löcher.« – »Mama! Aber dieser Käse hat doch keine Löcher! Warum hat der keine Löcher? Warum hat der Löcher?« – »Jetzt schweig und iß. Ich hab dir schon hundertmal gesagt, du sollst bei Tisch nicht reden! Iß!« – »Bwww –! Ich möcht aber wissen, wo die Löcher im Käse … aua, schubs doch nicht immer …!« Geschrei. Eintritt Papa.

»Was ist denn hier los? Gun Ahmt!« – »Ach, der Junge ist wieder ungezogen!« – »Ich bin gah nich ungezogen! Ich will nur wissen, wo die Löcher im Käse herkommen. Der Käse da hat Löcher, und der hat keine –!« Papa: »Na, deswegen brauchst du doch nicht so zu brüllen! Mama wird dir das erklären!« – Mama: »Jetzt gib du dem

Jungen noch recht! Bei Tisch hat er zu essen und nicht zu reden!« – Papa: »Wenn ein Kind was fragt, kann man ihm das schließlich erklären! Finde ich.« – Mama: »Toujours en présence des enfants! Wenn ich es für richtig finde, ihm das zu erklären, werde ich ihm das schon erklären. Nu iß!« – »Papa, wo doch aber die Löcher im Käse herkommen, möcht ich doch aber wissen!« – Papa: »Also, die Löcher im Käse, das ist bei der Fabrikation; Käse macht man aus Butter und aus Milch, da wird er gegoren, und da wird er feucht; in der Schweiz machen sie das sehr schön – wenn du groß bist, darfst du auch mal mit in die Schweiz, da sind so hohe Berge, da liegt ewiger Schnee darauf – das ist schön was?« – »Ja. Aber Papa, wo kommen denn die Löcher im Käse her?« – »Ich hab's dir doch eben erklärt: die kommen, wenn man ihn herstellt, wenn man ihn macht.« – »Ja, aber … wie kommen denn die da rein, die Löcher?« – »Junge, jetzt löcher mich nicht mit deinen Löchern und geh zu Bett! Marsch! Es ist spät!« – »Nein! Papa! Noch nicht! Erklär mir doch erst, wie die Löcher

im Käse …« Bumm. Katzenkopf. Unge-
heuerliches Gebrüll. Klingel.

Onkel Adolf. »Guten Abend! Guten
Abend, Margot – 'n Ahmt – na, wie geht's?
Was machen die Kinder? Tobby, was
schreist du denn so?« – »Ich will wissen …« – »Sei still …!« – »Er will wissen …« – »Also, jetzt bring den Jungen ins
Bett und laß mich mit den Dummheiten in
Ruhe! Komm, Adolf, wir gehen solange ins
Herrenzimmer; hier wird gedeckt!« – Onkel Adolf: »Gute Nacht! Gute Nacht! Alter Schreihals! Nu hör doch bloß mal …!
Was hat er denn?« – »Margot wird mit ihm
nicht fertig – er will wissen, wo die Löcher
im Käse herkommen, und sie hat's ihm
nicht erklärt.« – »Hast du's ihm denn erklärt?« – »Natürlich hab ich's ihm erklärt.« – »Danke, ich rauch jetzt nicht –
sage mal, weißt du denn, wo die Löcher
herkommen?« – »Na, das ist aber eine ko-
mische Frage! Natürlich weiß ich, wo die
Löcher im Käse herkommen! Die entstehen bei der Fabrikation durch die Feuchtigkeit … das ist doch ganz einfach!« –
»Na, mein Lieber … da hast du dem Jungen

aber ein schönes Zeugs erklärt! Das ist doch überhaupt keine Erklärung!« – »Na, nimm mir's nicht übel – du bist aber komisch! Kannst du mir denn erklären, wo die Löcher im Käse herkommen?« – »Gott sei Dank kann ich das.« – »Also bitte.«

»Also, die Löcher im Käse entstehen durch das sogenannte Kasein, was in dem Käse drin ist.« – »Das ist doch Quatsch.« – »Das ist kein Quatsch.« – »Das ist wohl Quatsch; denn mit dem Kasein hat das überhaupt nichts zu ... gun Ahmt, Martha, gun Ahmt, Oskar ... bitte, nehmt Platz. Wie geht's? ... überhaupt nichts zu tun!«

»Was streitet ihr euch denn da rum?« – Papa: »Nu bitt ich doch um alles in der Welt; Oskar! du hast doch studiert und bist Rechtsanwalt: haben die Löcher im Käse irgend etwas mit Kasein zu tun?« – Oskar: »Nein. Die Käse im Löcher ... ich wollte sagen: die Löcher im Käse rühren daher ... also die kommen daher, daß sich der Käse durch die Wärme bei der Gärung zu schnell ausdehnt!« Hohngelächter der plötzlich verbündeten reisigen Helden Papa und Onkel Adolf. »Haha! Hahaha! Na, das ist eine ulkige Erklärung! Der Käse dehnt sich aus! Hast du das gehört? Haha …!«

Eintritt Onkel Siegismund, Tante Jenny, Dr. Guggenheimer und Direktor Flackeland. Großes »Guten Abend! Guten Abend! – … geht's? … unterhalten uns gerade … sogar riesig komisch … ausgerechnet Löcher im Käse! … es wird gleich gegessen … also bitte, dann erkläre du –!«

Onkel Siegismund: »Also – die Löcher im Käse kommen daher, daß sich der Käse bei der Gärung vor Kälte zusammenzieht!« Anschwellendes Rhabarber, Rumor, dann großer Ausbruch mit voll besetztem Orchester: »Haha! Vor Kälte! Hast du schon mal kalten Käse gegessen? Gut, daß Sie keinen Käse machen, Herr Apolant! Vor Kälte! Hähä!« – Onkel Siegismund beleidigt ab in die Ecke.

Dr. Guggenheimer: »Bevor man diese Frage entscheiden kann, müssen Sie mir erst mal sagen, um welchen Käse es sich überhaupt handelt. Das kommt nämlich auf den Käse an!« Mama: »Um Emmentaler! Wir haben ihn gestern gekauft … Martha, ich kauf jetzt immer bei Danzel, mit Mischewski bin ich nicht mehr so zufrieden, er hat uns neulich Rosinen nach oben geschickt, die waren ganz …« Dr. Guggenheimer: »Also, wenn es Emmentaler war, dann ist die Sache ganz einfach. Emmentaler hat Löcher, weil er ein Hartkäse ist. Alle Hartkäse haben Löcher.«

Direktor Flackeland: »Meine Herren, da muß wohl wieder mal ein Mann des praktischen Lebens kommen … die Herren sind ja größtenteils Akademiker …« (Niemand widerspricht.) »Also, die Löcher im Käse sind Zerfallsprodukte beim Gärungsprozeß. Ja. Der … der Käse zerfällt, eben … weil der Käse …« Alle Daumen sind nach unten gerichtet, das Volk steht auf, der Sturm bricht los. »Pö! Das weiß ich auch! Mit chemischen Formeln ist die Sache nicht gemacht!« Eine hohe Stimme: »Habt ihr denn kein Lexikon –?«

Sturm auf die Bibliothek. Heyse, Schiller, Goethe, Bölsche, Thomas Mann, ein altes Poesiealbum – wo ist denn … richtig!

GROBKALK BIS KERBTIERE

Kanzel, Kapital, Kapitalertragssteuer, Karbatsche, Kartätsche, Karwoche, *Käse* –!

»Laß mich mal! Geh mal weg! Pardon! Also:

›Die blasige Beschaffenheit mancher Käsesorten rührt her von einer Kohlensäureentwicklung aus dem Zucker der eingeschlossenen Molke.‹« Alle, unisono: »Hast es. Was hab ich gesagt?« ... »›eingeschlossenen Molke und ist ...‹ wo geht denn das weiter? Margot, hast du hier eine Seite aus dem Lexikon rausgeschnitten? Na, das ist doch unerhört – wer war hier am Bücherschrank? Sind die Kinder ...? Warum schließt du denn den Bücherschrank nicht ab?« – »Warum schließt du den Bücherschrank nicht ab ist gut – hundertmal hab ich dir gesagt, schließ du ihn ab –« – »Nu laßt doch mal: also wie war das? Ihre Erklärung war falsch. Meine Erklärung war richtig.« – »Sie haben gesagt, der Käse kühlt sich ab!« – »*Sie* haben gesagt, der Käse kühlt sich ab – ich hab gesagt, daß sich der Käse erhitzt!« – »Na also, dann haben Sie doch nichts von der kohlensauren Zuckermolke gesagt, wie da drinsteht!« – »Was du gesagt hast, war überhaupt Blödsinn!« – »Was verstehst du von Käse? Du kannst ja nicht mal Bolles Ziegenkäse von einem alten Holländer unterscheiden!« – »Ich hab vielleicht mehr alten Holländer in meinem Leben gegessen wie du!« – »Spuck nicht, wenn du mit mir sprichst!« Nun reden alle mit einemmal.

Man hört:

– »Betrag dich gefälligst anständig, wenn du bei mir zu Gast bist ...!« – »saurige Beschaffenheit der Muckerzolke ...« – »mir überhaupt keine Vorschriften zu machen!« ... »Bei Schweizer Käse – ja! Bei Emmentaler Käse – nein! ...« – »Du bist hier nicht bei dir zu Hause! hier sind anständige Leute ...« – »Wo denn –?« – »Das nimmst du zurück! Das nimmst du sofort zurück! Ich lasse nicht in meinem Hause meine Gäste beleidigen – ich lasse in meinem Hause meine Gäste nicht beleidigen! Du gehst mir sofort aus dem Haus!« – »Ich bin froh, wenn ich raus bin – deinen Fraß brauche ich nicht!« – »Du betrittst mir nicht mehr meine Schwelle!« – »Meine Herren, aber das ist doch ...!« – »Sie halten überhaupt den Mund – Sie gehören nicht zur Familie! ...« – »Na, das *hab* ich noch nicht gefrühstückt!« – »Ich als Kaufmann ...!« – »Nu hören Sie doch mal zu: Wir hatten im Kriege einen Käse –« – »Das war keine Versöhnung! Es ist mir ganz egal, und wenn du platzt: Ihr habt uns betrogen, und wenn ich mal sterbe, betrittst du nicht mein Haus!« – »Erbschleicher!« – »Hast du das –!« – »Und ich sag es ganz laut, damit es alle hören: Erbschleicher! So! Und nu geh hin und verklag mich!« – »Lümmel! Ein ganz fauler Lümmel, kein Wunder bei dem Vater!« – »Und deine? Wer ist denn deine? Wo hast du denn deine Frau her?« – »Raus! Lümmel!« – »Wo ist mein Hut? In so einem Hause muß man ja auf seine Sachen aufpassen!« – »Das wird noch ein juristisches Nachspiel haben! Lümmel! ...« – »Sie mir auch –!«

In der Türöffnung erscheint Emma, aus Gumbinnen, und spricht: »Jnädje Frau, es is anjerichtet –!«

4 Privatbeleidigungsklagen. 2 umgestoßene Testamente. 1 aufgelöster Soziusvertrag. 3 gekündigte Hypotheken. 3 Klagen um bewegliche Vermögensobjekte: ein gemein-

sames Theaterabonnement, einen Schaukel-
stuhl, ein elektrisch heizbares Bidet. 1 Räu-
mungsklage des Wirts.

Auf dem Schauplatz bleiben zurück ein
trauriger Emmentaler und ein kleiner Junge, der die dicken Arme zum Himmel hebt
und, den Kosmos anklagend, weithinhal-
lend ruft:

»Mama! Wo kommen die Löcher im
Käse her –?«

Annette Petersen

Million Dollar Mama

Als er vor uns stand, dachte ich an eine Theatervorführung, die ich mal mit meinen Töchtern besucht hatte. Das Publikum war dabei voll und ganz in das Geschehen eingebunden und musste allen möglichen Klamauk mitmachen. Ich hatte mich damals fast genauso unwohl gefühlt wie jetzt. Er stand da, seine Beute in der Linken, und starrte uns aus schreckgeweiteten Augen an. Meine Mutter und ich starrten ebenso erschrocken zurück. Er zog mit einer geschmeidigen Bewegung ein Springmesser aus seiner rechten Jackentasche, und die Klinge schnellte auf Knopfdruck mit einem schabenden Geräusch hervor. Ich dachte, dass gleich meine Knie nachgeben würden. Neben mir zog meine Mutter scharf die Luft ein. Übergangslos war eine ganz und gar vertraute Szenerie in eine lebensbedrohliche Situation gekippt. Dabei hatte vor zwei Stunden alles völlig harmlos angefangen.

»Halb so wild«, hatte meine Mutter ins Telefon gekrächzt. »Ich habe mir einen schönen Lindenblütentee gek…« Sie brach wegen eines gewaltigen Hustenanfalls ab. Ich schüttelte seufzend den Kopf. »Warum gehst du nicht endlich zum Arzt?« Sie antwortete mit halb erstickter, durch gelegentliches Räuspern unterbrochener Stimme. »Keine Zeit.« Ich verdrehte die Augen: Rentner!

»Ich bin dran mit Krempelputzen. Morgen ist das Museum wieder offen. Und sonst ist keiner da.«

»Aber du bist krank. Dann wird morgen eben mal geöffnet, ohne dass vorher frisch geputzt wurde. So schlimm kann das ja wohl nicht sein.« ›Kommt sowieso keiner‹, lag mir noch auf der Zunge, aber das behielt ich für mich. Mein Blick schweifte durch unsere Küche, die so gar nicht museal anmutete.

»Nee, nee, Tante Isa ist sehr eigen mit ihrem Geschirr, das weißt du doch!«

Tante Isa war Mamas Lieblingscousine und wohnte nur zwei Häuser weiter. Und ihr ›Geschirr‹ war eine überwiegend wertvolle Kollektion von vierundzwanzig Sammeltassen aus Meißener Porzellan, teilweise aus dem neunzehnten Jahrhundert und eine der Hauptattraktionen im vor fünf Jahren gegründeten Heimatmuseum des Fleckens Groß Hasenbüttel. ›Überwiegend‹, weil darunter auch ein besonders üppig verziertes, kitschiges Exemplar mit geschwungenem Goldrand war, das ich mal von einem Flohmarkt in Berlin mitgebracht hatte, um Tante Isa eine Freude zu machen. Irgendwie empfand ich es als Etikettenschwindel, dass es nun hier im Museum stand, als gehörte es schon immer nach Groß Hasenbüttel.

Das Museum war in liebevoller Kleinarbeit in der seit Ewigkeiten leer stehenden ehemaligen Volksschule eingerichtet worden. Auch meine Eltern waren vom ersten Tag an Mitglieder im »Verein der Freunde und Förderer des Heimatmuseums des Fleckens Groß Hasenbüttel« und hatten tatkräftig mitgeholfen, die alte Schule zu renovieren und einzurichten. Meine Mutter hatte den Bestand mit einem Stapel filigraner Spitzendeckchen bereichert. Spitzen-

klöppeln war in Klein und Groß Hasen-
bütteler Familien seit Jahrhunderten Tradition. Eine Tradition, mit der ich aufgrund
nachgewiesener Talentlosigkeit zum Kum-
mer meiner Mutter leider brechen musste.
Vor anderthalb Jahren war das Museum für
die Öffentlichkeit zugänglich gemacht worden. Die kam sogar manchmal gucken, und
zwar »Fr 16–18, Sa/So 14–17«, wie in pro-
saischer Knappheit auf dem Schild am Eingang zu lesen war. Gleich unter dem Hasen-
bütteler Wappen, auf dem sich zwei Lang-
ohren auf den Hinterläufen mit geballten
Pfoten gegenüberstanden. Und seitdem war
Do 15–16 reihum »Krempelputzen«, damit
an den Öffnungstagen sämtliche Dachbo-
denfunde und Erbstücke blitzten: Spinn-
räder, Butterfässer, Nachttöpfe, Röhren-
radios mit magischem Auge und Radio
Hilversum auf der Skala – eben alles, was
die reifere Jugend von Groß Hasenbüttel an
ihre Kindertage erinnerte oder sogar aus
denen ihrer Eltern, bisweilen ihrer Groß-
eltern stammte.

Ich versuchte, ein Machtwort zu sprechen. »Du gehst jedenfalls heute zum Arzt.

Ich kann ja Krempel putzen.« Aber natürlich war jegliches Argumentieren zwecklos. »Ich darf da doch keinen allein reinlassen, Kind. Das geht ni...« Wieder folgte ein wahres Erdbeben von Husten am anderen Ende. Ich stellte auf Lauthören, legte den Hörer auf den Tisch und begann, die Spülmaschine auszuräumen. Durch den Türspalt sah ich nebenan im Wohnzimmer meine 15-jährigen Zwillinge Svea und Ronja vor dem Fernseher. Sie sahen sich zum ich-weiß-nicht-wievielten Mal »Million Dollar Baby« an, diesen todtraurigen Film über eine spät berufene Boxerin. Svea und Ronja nervten mich seit einigen Wochen mit dem Wunsch, in die Mädchen-Boxabteilung des Vereins zu wechseln, aber das kam natürlich überhaupt nicht infrage. Egal, ob bereits vier ihrer Mitschülerinnen die Fäuste fliegen ließen. Das würde ich genauso aussitzen wie vor zehn Jahren die Sache mit dem Tamagotchi und später das Nasenpiercing. Irgendwann hätte es sich einfach erledigt, und sie wollten vielleicht Jazzdance oder Tennis. Boxen! Judo von mir aus, aber doch nicht Boxen! Meine Mutter würde die

Krise kriegen. Vom Klöppeln wollten sie natürlich auch nichts wissen. Der Begriff »Boxer« war mir allerhöchstens im Zusammenhang mit unserem Hund Fido sympathisch. Und wenn dann noch Frauen aufeinander eindroschen, war es um meine Weltoffenheit ganz schlecht bestellt!

»Bist du noch da?«, klang es aus dem Hörer. Ich wandte mich wieder meiner kranken Mutter zu.

»Natürlich. Pass auf: Dann putzen wir eben zusammen, und hinterher fahre ich dich zum Arzt. Bei dem Husten fallen dir doch sowieso die Tassen aus der Hand.«

Das zog, und meine Mutter willigte ein. Normalerweise wäre mein Vater eingesprungen, aber der war mit dem Schützenverein im Sauerland. Andererseits hätte Mama seinen eher grobmotorisch agierenden Händen Tante Isas Sammeltassen wohl ohnehin niemals anvertraut. Und so verabschiedete ich mich von meinen Mädchen, vertröstete den aufgeregt winselnden Fido auf später, stieg in meinen himmelblauen Käfer mit dem weißen Dach und fuhr los nach Groß Hasenbüttel. Mit roten Augen, um den Hals einen groben rechtsgestrickten Schal, den ich dreißig Jahre zuvor bei Frau Mollenhauer im Handarbeitsunterricht hatte anfertigen müssen, öffnete meine Mutter zwanzig Minuten später die Haustür meines windschiefen Fachwerkelternhauses.

»Na, Kleine«, röhrte sie und reckte das Gesicht zu mir hoch, »willst du einen Kaffee?«

Ich drückte sie vorsichtig. »Nein danke. Je schneller wir mit Krempelputzen fertig sind, desto eher können wir beim Arzt sein. Also los!«

»Na gut.« Sie zog ihre Daunenjacke über, was den Umfang dieses zarten Persönchens in etwa verdreifachte. Wir stiegen ins Auto, und meine Mutter schaffte es im dritten Anlauf, die Beifahrertür ganz zu schließen. Obwohl es vernünftig gewesen wäre, konnte ich mich von meinem mittlerweile über dreißig Jahre alten Oldtimer einfach nicht trennen. Vor mir hatte Tante Isa ihn besessen, die kaum gefahren war, und sonst keiner. Er war also ein unpraktisches, Sprit saufendes kleines Schmuckstück, das nur deswegen nicht im Heimatmuseum stand, weil dort nicht genug Platz war. Vor dem alten Backsteingebäude der ehemaligen Schule parkte ich den »Schlumpf«, wie Tante Isa das Auto wegen seiner Farbgebung getauft hatte. Meine Mutter holte einen riesigen Schlüsselbund aus ihrer Jackentasche. Ich warf mit wohldosiertem Schwung die Beifahrertür zu. Meine Mutter schloss auf, öffnete die Eingangstür weit und schob einen Holzkeil darunter, der im Flur bereitlag.

Ich folgte ihr aus dem dunklen Grau des verregneten Februartages ins noch dunklere Innere des Museums. Es hatte sich allerhand verändert: Der Eingangsbereich mit der Kasse war jetzt von den Ausstellungsräumen durch eine neue Wand abgetrennt. Es gab eine Garderobe und direkt gegenüber eine Damen- und eine Herrentoilette. Ich überlegte, ob ich meine Jacke an einen der vielen Haken hängen sollte, ließ es dann aber bleiben, denn die Heizkosten hatte der Verein offensichtlich als Sparpotenzial entdeckt. Außerdem zog es. Meine Mutter war schon nach hinten durchgegangen. Ich hörte, wie sie die klemmenden Fenster eines nach dem anderen mit einem kräftigen Ruck öffnete. Lüften war hier wirklich dringend nötig. An die Arbeit, dachte ich. Die Lebenserfahrung sagte mir, dass ich das Putzzeug höchstwahrscheinlich in der Damentoilette finden würde, und ich hatte mich nicht getäuscht. Ein schmaler, hoher weißer Schrank stand gleich rechts neben der Tür. Ich zog am Griff und stellte fest, dass er abgeschlossen war. Du meine Güte, glaubten die ernsthaft, dass jemand Meister Proper entführen würde? Ich machte mich auf die Suche nach meiner Mutter und fand sie vor der Vitrine mit Tante Isas Sammeltassen. Auf vier Regalböden standen jeweils sechs Stück mit der Öffnung nach vorn auf den Untertassen, und die wiederum jeweils auf einem von Mamas Spitzendeckchen. Ganz oben in der Mitte: die Flohmarkttasse. Feine farbenprächtige Blumenmuster mit goldenen und silbernen Ornamenten machten die Tassen zu porzellanenen Kunstwerken. Undenkbar, jemals mit einem Löffel darin herumzurühren! Nach meiner unmaßgeblichen Meinung mussten ja Tassen, die hinter Glas standen, nicht jede Woche abgestaubt werden, aber wer war ich schon, Tante Isa da reinzureden? Wenn sie gekonnt hätte, dann wäre sie auch noch dem Wort »Flecken« auf dem Ortsschild von Groß Hasenbüttel mit Scheuersand zu Leibe gerückt.

»Hast du mal den Schlüssel für den Putzschrank?«

»Lass nur. Ich gehe selbst. Für die Tassen nehme ich immer ein Halbleinentuch von zu Hause mit. Hier. Das machst du ja heute.« Sie reichte mir, von Husten geschüttelt, ein gebügeltes und akkurat gefaltetes Geschirrtuch, und ich öffnete die Vitrine, während meine Mutter Eimer und Feudel holen ging. An der Tür drehte sie sich um. »Drei Henkel rechts, drei Henkel links.« Irritiert schaute ich auf die Tassen. Tatsächlich! So viel Symmetrie musste sein! Mit angehaltenem Atem nahm ich die rechte Tasse vom obersten Brett herunter und sah sie ernst an. »Es ist nur zu eurem Besten«, flüsterte ich. »Ihr seid so zart, und ich bin ein bisschen ungeschickt, wisst ihr. Das habe ich von Papa.« Ich stellte die Tasse vorsichtig und ungeputzt wieder zurück – Henkel nach rechts – und nahm die nächste kurz heraus, um sie ebenfalls nach angemessener Frist wieder an ihren Platz zu stellen. Meine Mutter musste zumindest ein leises Pling hören, damit die Illusion perfekt war. Ich zerknüllte das Geschirrtuch ein wenig. Wenn eine der Tassen durch meine Ungeschicklichkeit zu Bruch ginge, könnte ich Tante Isa nicht mehr unter die Augen treten. Dann schon eher den Schlumpf zu Schrott fahren. Das Gemeine war nur, dass meine arme, kranke Mutter hier jetzt richtig schuftete, während ich – jung und gesund – nur Arbeit vortäuschte. Ich nahm mir die zweite Reihe vor und stellte mich seitlich zur Vitrine, um sehen zu können, ob meine Mutter wieder auftauchte.

Zunächst hörte ich nur ihr Summen. Sie summte immer vor sich hin. So krank konnte sie gar nicht sein, dass ihr das verging. Dann kam sie im Rückwärtsgang in den Ausstellungsraum und zog dabei den Schrubber mit dem Feudel über den Boden. Ich war froh, dass sie nicht darauf bestand, vor dem Wischen gründlich zu fegen, wie

zu Hause. Ich machte in sinnvollen Zeit-
abständen Pling und hatte ein sehr schlechtes Gewissen gegenüber meiner Mutter,
Tante Isa und den Tassen. Endlich hatte ich
auch die letzte einmal angehoben und wieder hingestellt. Ich atmete auf, schloss die
Vitrine und sagte resolut: »So. Fertig!« De-
monstrativ wischte ich abschließend über
die Glasscheiben. Ich hoffte nur, Mama
würde nicht herkommen und die Qualität
meiner Arbeit kontrollieren. Sicherheitshalber ging ich ihr entgegen. »Was soll ich
als Nächstes machen?« Sie warf mir einen
fiebrig glänzenden Blick zu. »Wenn du mal
mit dem feuchten Tuch über die Radios
und die Küchengeräte gehen könntest?«
Das traute ich mir zu, und so machte ich
mich tatsächlich noch ein wenig nützlich.
»Ich fange dann schon mal in den Toiletten
an«, sagte meine Mutter, als der ganze Li-
noleumboden nass glänzte. »Wenn du hier
fertig bist, kannst du mir ja da helfen.«

Ich nickte und polierte liebevoll die
Drehknöpfe von Hans-Herrmann Kimp-
henkel seniors Telefunken-Radio. Anschließend folgte ich meiner Mutter. Zum Glück

gab es einen weiteren Wischeimer, sodass ich zeitgleich die Herrentoilette reinigen konnte, während sie bei den Damen putzte. Als auch das erledigt war, ging ich rüber, wo meine Mutter gerade summend den Spiegel abwischte. Ihr Spiegelbild lächelte mir zu: »Na, fertig? Siehste, ging doch ganz schnell.«

Ich nickte und feierte innerlich meine zeitsparende Reinigungsmethode. »So. Jetzt aber ab zum Arzt!« Sie schloss das Putzzeug wieder weg, und wir traten in den Flur.

Und da stand er dann vor dem Kassentisch: Ein junger Typ um die zwanzig, mit Jeans und schwarzer Lederjacke, auf dem Kopf eine nach hinten gedrehte schwarze Baseballkappe. Er hatte offensichtlich gedacht, es wäre keiner da, als er niemanden an der Kasse und im Ausstellungsraum vorfand. Und so hatte er die vermeintliche Gunst der Stunde genutzt und in die Vitrine gegriffen. Warum war die eigentlich im Gegensatz zu dem blöden Putzschrank nicht abgeschlossen?, fragte ich mich kurz. Er hielt – wohl mangels lohnenderen Diebes-

gutes – eine der Sammeltassen samt Untertasse in seinen rissigen Händen mit satt-
schwarzen Fingernägeln. Es war die Flohmarkttasse. Und wegen so eines dämlichen
Dings für zehn Euro zog dieser Idiot ein
Messer? (Wer konnte denn ahnen, dass daraus mal in Sanssouci jemand Schokolade
genippt hatte! Nun, irgendeiner der Besu-
cher hat es wohl gewusst und dann den
armen Kerl losgeschickt, genau diese Tasse
zu stehlen. Aber das erfuhren wir erst viel
später.) Vor lauter Bestürzung vergaß ich
einen Moment meine Angst. Meine Mutter
sagte halblaut und voller Empörung: »Also …!« Sie schnaubte und spitzte die Lippen.

Jetzt schluckte er, und sein Adamsapfel
tanzte hoch und runter. »Ganz ruhig!«,
sagte er mit bebender Stimme und noch
mal: »Ganz ruhig!« Meinte er uns oder
sich? Sollte ich versuchen, irgend etwas Beruhigendes zu sagen oder lieber den Mund
halten, um nicht alles noch schlimmer zu
machen? Ich schielte zur nach wie vor offen stehenden Tür. Mama stand völlig starr
neben mir. Hoffentlich bekam sie keinen

Herzinfarkt. Ich musste mir dringend etwas einfallen lassen. »Hören Sie«, sagte ich, »nehmen Sie von mir aus die Tasse und verschwinden Sie. Das ist die Sache doch nicht wert!« Ich deutete mit dem Blick auf sein Messer.

»Schnauze!«, schrie er, und wir zuckten zusammen. Er ließ die Hand mit dem Messer sinken und kam einen Schritt auf uns zu. Ich wich zurück, meine Mutter blieb stehen und sah ihm ins Gesicht. »Ich bin auf Bewährung draußen. Und ich«, er zeigte mit dem Messer auf sich selbst, »geh nicht mehr in den Bau. So viel steht schon mal fest!« Nachdem das geklärt war, ging er mit säuerlichem Grinsen wieder einen Schritt rückwärts. Meine Mutter sah über seine rechte Schulter und sagte: »Oh!« Er blickte hinter sich. Gleichzeitig machte meine Mutter einen Schritt auf ihn zu, drehte sich auf den Zehenspitzen leicht nach links, holte mit der Rechten aus und landete einen kräftigen Außenhaken (wie ich später lernte) auf der Schläfe des völlig überraschten Mannes, der sich uns gerade wieder zugewandt hatte. Keine zwei Sekunden dauerte das. Er rollte mit den Augen und begann zu schwanken. Ich legte wie ferngesteuert eine WM-taugliche Glanzparade hin und rettete die fallende Tasse mit der einen und die Untertasse mit der anderen Hand vor dem Zerschellen. Dabei landete ich hart auf den Knien, was verdammt wehtat, weil ich den Sturz ja nicht mit den Händen abfangen konnte. Neben mir schepperte das Messer über die Fliesen. Gleichzeitig ging auch der Kerl zu Boden und blieb liegen, während meine Mutter leise jammernd und zusammengekrümmt ihre rechte Hand auf den Bauch presste. So waren wir alle drei erst mal eine Weile stöhnend mit unseren Schmerzen beschäftigt. Schließlich rappelte ich mich humpelnd auf, kickte das Messer ein paar Meter weg und stellte die Sammeltasse auf den Kassentresen.

Der Typ lag vor uns und rührte sich nun gar nicht mehr, und so legte ich den Arm um meine Mutter. »Komm, schnell raus hier! Ehe der aufwacht und zurückschlägt.« Meine Mutter flüsterte mit schmerzverzerrtem Gesicht: »Erst fesseln!« Das durfte doch nicht wahr sein! Hatte diese Frau immer noch nicht genug? Sie deutete mit dem Kopf zum Kassentresen: »Da ist Klebeband in der Schublade.« Sie sah mein Entsetzen. »Nun mach schon. Ich kann das jetzt nicht wegen meiner Hand.« Die war in der Tat dabei, dick anzuschwellen, und um nicht weitere Diskussionen zu provozieren, holte ich eine Rolle Paketklebeband hervor und band die Hände des Mannes auf dem Rücken zusammen. »Die Füße auch!«, befahl meine Mutter. »Und mach noch die Fenster zu!« Ergeben tat ich, was sie verlangte. Dann schloss ich den Ausstellungsraum, die Toiletten und den Eingang ab und führte meine Mutter zum Schlumpf. »Setz dich hier rein. Ich rufe die Polizei an.« Ich klemmte mich hinters Steuer und zog mein Handy aus der Jackentasche. Unseren Dorfsheriff Dietmar Worolzke, genannt »der dicke Dietmar«, kannte ich aus der Schule. Nachdem ich ihm klargemacht hatte, dass mein Anliegen durchaus dienstlich war, berichtete ich, dass wir einen Dieb im Museum überrascht hätten und dass er noch drin wäre, eingeschlossen und bewusstlos. Wie das denn käme, wollte er wissen.

»Ich, äh …, meine Mutter hat ihn k. o. geschlagen.« Stille am anderen Ende, dann: »Wir kommen sofort.«

Ich starrte auf das Lenkrad. »Bist du eigentlich wahnsinnig? Der Kerl war bewaffnet!«

Ich drehte mich zum Beifahrersitz um. Meine Mutter sah mich streng an.

»Würdest du einfach zugucken, wenn einer dein Kind bedroht?«

Ich schwieg und schloss die Augen. Nach einem tiefen Seufzer wandte ich mich ihr wieder zu.

»Wieso kannst du das überhaupt?«

Meine Mutter lächelte etwas verschämt in sich hinein. »Ist gar nicht so schwer, wenn man es erst ein paarmal gemacht hat.«

Ich schnappte nach Luft. »Willst du sagen, du hast schon öfter …?«

»Nein, nicht so. Du siehst ja, was ich mir damit eingebrockt habe!« Sie hielt ihre bläulich schillernde Rechte ein wenig hoch. »Normalerweise trage ich Handschuhe.«

»Normalerweise?!« Das jahrzehntealte Bild von meiner sanften, Spitzendeckchen klöppelnden Mutter bröckelte nicht, es krachte zusammen.

»Meine Güte, ja. Ich weiß doch, was du über Boxen denkst. Darum habe ich es lieber für mich behalten. Ich verpasse schon seit Jahren keinen Kampf im Fernsehen. Ich finde das einfach klasse, wenn die sich so belauern und tänzeln und dann einer angreift – hach, das ist so, so – ursprünglich. Und mittlerweile boxen ja auch immer mehr Frauen. Hast du damals den Kampf gesehen, als die Halmich den ...?«

»Nein, habe ich nicht. Und jetzt lenk bloß nicht ab. Beim Fernsehen auf dem Sofa hat noch niemand Muskeln angesetzt. Woher kannst du das?«

Sie seufzte: »Im Klöppelkreis hat die Hildegard erzählt, dass ihre Tochter im Sportverein Fitnessboxen macht und ...«

»Was bitte?«

»Fitnessboxen. Da boxt man nicht gegen einen Menschen, sondern gegen Sandsäcke und Matten und so. Und da habe ich gedacht, das probiere ich auch mal aus.«

In amerikanischen Serien kreischt normalerweise an dieser Stelle eine Synchronsprecherin »Oh, mein Gott!«. Ich hingegen schwieg erschüttert, während meine Mutter ihrer Begeisterung freien Lauf ließ. »Du ahnst nicht, was das für einen Spaß macht. Was man da für Aggressionen abbauen kann! Wenn die Kimphenkelsche mir mal wieder blöd gekommen ist, dann stell ich mir beim nächsten Training einfach ihr Gesicht auf dem Sandsack vor, und schon geht's mir besser. Aber ich glaube, ich muss auch mal einen richtigen Kampf üben. Ich kann mir ja im Ernstfall nicht immer die Hand brechen.«

Wie war das mit den Genen? Bei manchen Erbkrankheiten wurde eine Generation übersprungen oder so ähnlich. Da schien was dran zu sein. Ich dachte an Ronja und Svea und wusste, dass es diesmal mit dem Aussitzen nichts werden würde. Ob sie nun 15 oder 65 waren, die taten sowieso, was sie wollten.

»Und was sagt Papa dazu?«

»Er weiß natürlich nichts davon, der ist doch genauso altmodisch wie du. Er denkt immer noch, ich gehe zur Seniorengymnastik.«

Ich presste die Faust vor den Mund, während mir die Tränen in die Augen schossen und mein Kinn zu zittern begann. Dann zitterte auch der ganze Rest. Meine Mutter erschrak, legte ihre intakte Hand auf meine Schulter und sagte sanft: »Aber, Kind, ich bitte dich! Was ist denn schon ...?«

Da konnte ich nicht mehr. Das war einfach zu viel. Ich sah sie an und meine Gesichtszüge entglitten endgültig. Ich prustete los und lachte, dass der Schlumpf ins Wackeln geriet, und nach der ersten Verblüffung fiel meine Mutter mit ein. Wir konnten uns gar nicht beruhigen, und noch, als der Streifenwagen neben uns hielt, kicherten wir haltlos, und die Tränen kullerten uns über das Gesicht.

»Seid ihr okay?«, fragte der dicke Dietmar besorgt, nachdem ich das Fenster heruntergekurbelt hatte. »Geht so«, krächzte meine Mutter aus dem Wageninneren und winkte leicht mit ihrer lädierten Hand. »Aber macht nichts. Wir waren sowieso gerade auf dem Weg zum A...« Der Rest ging im Husten unter.

Christopher Kloeble

Vierundachtzig Schritte

Ich spreche ein Gebet in ihren Kopf. Das wird sie hören, solange ich es nur ernst genug meine, so ernst wie ein Kind, das nach seiner Mutter verlangt. Und genau das bin ich wieder, wenn ich auf diese Weise mit ihr spreche, ich bin zehn Jahre alt, und die Sonne versteckt sich vor mir.

Bis neunzehnhundertdreiundneunzig hatte der Sonnenaufgang noch seinen eigenen Klang. In den Stunden davor verschwand Segendorf, unser Ort, für einen, der es hören wollte, in der Nacht – abgesehen von dem Hof an der Ludwigstraße, auf dem ich mit meinen Eltern lebte, die sich frühestens um Mitternacht die Kehlen heiser schrien. Keine Tür, keine Wand war dick genug, wurde ich davon geweckt, war an Einschlafen nicht mehr zu denken, und trotzdem drückte ich oft das Kissen auf meine Ohren, schloss die Augen und atmete langsam und tief, wie man eben atmet, wenn man einschlafen will.

Weder wusste ich noch interessierte mich, worüber sie stritten, außerdem konnte ich sie kaum verstehen, ihre Worte blieben auf dem Weg zu mir an Balken und Dielen hängen, nur Laute drangen zu mir durch, so lange, bis ich mich irgendwann in die Bettdecke wickelte und zum Beten vor dem Fenster Platz nahm, das in Richtung der Berge zeigte, hinter denen sich die Sonne versteckte.

Manchmal ließ sie sich lange bitten. Mit den ersten Sonnenstrahlen wurden meine Eltern dann leiser, bis ich sie gar nicht mehr hören konnte, und obwohl das Dorf jetzt aufwachte, Kühe blökten und Traktoren losknatterten, war das ein eigenartig beruhigender Klang, der mich noch etwas schlafen ließ, bevor ich zur Schule musste.

Mein Platz im Klassenzimmer war von meinem Bett aus genau neunhundertdreiundsiebzig Schritte weit entfernt; das machte tausendneunhundertsechsundvierzig Schritte an einem Tag. Bis zum Bäcker waren es vierhundertsiebzehn, bis zum Schuster zweihundertdreiundsiebzig, bis zu unserem Stall nur einundfünfzig, und drei weitere für jede Kuh. Bloß dreiundvierzig Schritte brauchte ich bis zur Schreinerei meines Vaters, noch lieber lief ich aber in die Küche zu meiner Mutter; hin brauchte ich nur halb so viele wie für den Rückweg.

Egal, wohin man wollte, in Segendorf blieb man auf jeder Strecke unter dreitausend Schritten. Und über jede einzelne machte ich mir eine Notiz; das nahm ich sehr ernst, und ich konnte es nicht ausstehen, wenn mich jemand beim Zählen durcheinanderbrachte und ich schätzen musste. Schätzen war kaum besser als Lügen. (Und das sah der liebe Gott gar nicht gern.)

Auf die Idee mit den Schritten hatte mich meine Mutter gebracht, wer sonst. Einmal war ich beim Versteckspiel von Hof zu Hof gerannt – jedes Bauerngrundstück war zur Haupt- und Ludwigstraße hin offen, es gab keine Zäune oder Tore, man konnte es durchqueren, wann man wollte, und von dieser Möglichkeit machten vor allem wir

Kinder Gebrauch –, ich war also über einen Hof gerannt, vor dem Stall ausgerutscht und mit dem Gesicht direkt in einem Kuhfladen gelandet. An den Geschmack kann ich mich zum Glück nicht erinnern, ich weiß nur noch, dass meine Mutter, als ich übel gelaunt nach Hause kam, mein Gesicht mit einem kratzigen Lappen sauber wischte und mir ein Stück Brombeerkuchen in den Mund schob, an dessen süßsauren Geschmack ich mich sehr wohl erinnere. Ich solle mehr auf meine Füße achten, bläute sie mir ein, und ich erwiderte kauend, dann bräuchte ich ja ewig, um wohin zu kommen. Darauf lachte sie, stopfte mir den Mund mit einem noch größeren Stück Brombeerkuchen und erklärte, Schritte seien wie Schafe. Zähle man sie, vergehe die Zeit, bis man dort ankam, wo man hinwollte, sehr viel schneller.

Wie langsam die Zeit vergeht, wenn man fast keine Schritte mehr macht, würde ich sie jetzt gerne fragen, wie lange dauert eine Stunde, wenn man in einem dunklen Krankenzimmer liegt, ein Loch in die Decke starrt und auf keine Frage und keine Bitte mehr reagiert, von niemandem, nicht einmal mir, wie lange braucht der Sekundenzeiger da für eine Runde?

Ehrlich gesagt, ich will es gar nicht wissen, mich interessiert nur, wie ich von hier wegkomme, und eigentlich sollte das kein Problem sein – vom Haupteingang bis zu ihrem Bett habe ich vierundachtzig Schritte gezählt, mickrige vierundachtzig –, aber es geht nicht. Ich kann nur mit ihr abhauen, genau wie vor siebzehn Jahren, als wir das erste Mal zusammen im Krankenhaus waren und sie mich in ihrem Bauch hinein- und in ihren Armen hinaustrug; daran erinnere ich sie, während ich mein Gebet spreche, und auch daran, als wir Eiszapfen von den Regenrinnen abbrachen und damit fochten, und wie man gegen das Zirpen der Grillen auf den Wiesen anschreien musste, welche Muster wir beim Odeln auf die schneeweißen Felder zeichneten, und wie sie mir eine Räuberleiter machte, damit ich hochsteigen, an den Ästen des Pflaumenbaumes rütteln und alle Pflaumen zum Fallen bringen konnte.

Als einmal jemand meinen Vater fragte, was er an ihr am meisten schätze, sagte er: ihre Unberechenbarkeit. Und auf die Frage hin, was ihm am wenigsten an ihr gefalle, kam seine Antwort keinen Deut langsamer: ihre Unberechenbarkeit. Dann beugte er sich vor, hob geheimniskrämerisch eine Hand vor den Mund und verglich seine Ehe mit einem Apfelbaum, der nur wenig von den Gesetzen der Jahreszeiten halte. An manchen Tagen im tiefsten Winter hingen pralle Früchte an seinen Ästen, an anderen im Frühling verweigere er jede Andeutung einer Blüte, und an wieder anderen im Sommer schüttele er sich wie aus einer Laune heraus und entledige sich all seiner Blätter.

Bei der Sonntagsmesse, zum Beispiel, trug meine Mutter von allen Bäuerinnen die höchsten Absätze.

»Um dem LIEBEN Gott möglichst nah zu sein«, sagte sie zu den anderen Frauen, die den Kopf schüttelten.

»Und um ein Stück weiter von denen entfernt zu sein«, flüsterte sie mir zu.

Das mit Schminke gemalte weiße Kreuz und rote Herz auf ihrer Stirn hatte rein gar nichts mit der Schweizer Flagge zu tun, wie manche Nachbarn fälschlicherweise glaubten, sondern war ihre Botschaft an die Welt, so klein die in unserem Dorf auch sein mochte. Obwohl sie mir oft genug erklärte, wie genau diese Botschaft lautete, habe ich das nie richtig verstanden. Nach ihren Ausführungen schwirrte mir bloß der Kopf vor lauter Fremdwörtern: Institution, ostentativ, essenzielle Affektiertheit, Obolus – für mich waren das merkwürdige Geräusche, keine Wörter. Gelernt hatte sie die in einer winzigen Nebenkammer der Stube, fast schon ein Abstellzimmer, in dem ein klobiger Holzofen neben einem Sessel mit kaputten Sprungfedern stand. Drum herum überall Bücher. Atlanten, Reiseführer, Taschenbücher, Ausstellungskataloge, Romane und was weiß ich noch alles türmten sich vom Boden bis zur Decke, und wollte sie ein Buch von weiter unten lesen, musste ich ihr helfen, einen der Stapel anzuheben. Schon seit ich mich erinnern kann, wünschte sie sich von meinem Vater, dass er ihr ein paar Regale zimmerte, aber sobald sie ihn einmal darauf ansprach, schob er wichtigere Arbeiten vor, weshalb sie im Oktober, wenn die ersten, schweren Regenwolken an den Bergen hängen blieben und es tagelang schüttete, viel Wert darauf legte, dass in dem Holzofen ein Feuer brannte, um die Feuchtigkeit aus der Kammer fernzuhalten. In den Augen meines Vaters, hatte sie mir erklärt, gelte das als Verschwendung von Brennholz. Er sage das nur deshalb nicht laut, da er befürchte, sie werde dann wieder mit den Regalen anfangen.

Von meiner Mutter wusste ich auch, dass meinem Vater für jedes Thema, das er nicht ansprach, ein Barthaar spross. Und er trug einen so dichten Vollbart, dass er mithilfe von etwas Kreidestaub aussah wie der dünne Zwillingsbruder des Nikolaus. An jedem sechsten Dezember stapfte er, in einen mit Schafswolle gefütterten Ledermantel gehüllt, von Haus zu Haus durch den Schnee in unserem Dorf. Ein Kissen für die angemessene Wampe vor den Bauch gespannt und einen Sack voller Geschenke auf dem Rücken, ausgerüstet mit einem selbst geschnitzten Wanderstab und einem goldenen Buch voller blanker Seiten, spielte er den Nikolaus für alle Kinder, deren Eltern ihn dafür bezahlten.

Ich bekam ihn umsonst; obwohl ich mit zehn Jahren schon lange nicht mehr an den Nikolaus glaubte, und auch nicht ans Christkind, und noch weniger an den Osterhasen. Der Einzige, den es wirklich geben musste, war der liebe Gott. Sonst wären wir drei nicht jeden Sonntagmorgen auf den Traktor gestiegen, auch bei Dunkelheit und minus achtzehn Grad im Winter, und mit zwanzig Stundenkilometern Spitzengeschwindigkeit in den Nachbarort gezuckelt, zur Kirche. Ein Auto besaßen wir nicht. Dafür sechsundzwanzig Milchkühe, eine schwankende Anzahl an streunenden Katzen, die besonders gern in unserem Heuschober Junge warfen, acht Hühner, einen Hahn und einen türkisgrünen Traktor, der mich während der Fahrt so durchschüttelte, dass sich meine Pobacken danach taub anfühlten.

Trotz des Schleichtempos schaffte ich es nicht, die Schritte von unserem Hof bis zur

Kirche zu zählen. Ich konzentrierte mich auf die Streifen in der Straßenmitte und schlug immer zwischen zweien die Zähne zusammen, klack, und ich forderte mich heraus, klack, wenn es mir nicht gelänge, klack, das bis zu unserem Ziel durchzuhalten, klack, würde etwas Schlimmes passieren, klack, zum Beispiel die Sonne nie mehr aufgehen, klack, und dann könnten meine Eltern nicht wissen, klack, wann die Nacht zu Ende wäre, klack, und müssten bis in alle Ewigkeit streiten, klack, klack, klack.

Mein Vater gab mir einen Klaps auf den Hinterkopf und meine Mutter küsste mich genau auf diese Stelle. Niemand redete. Wir rollten die Landstraße entlang, der Wind in meinem Gesicht war eisig, ab und zu überholte uns ein Wagen mit viel Gehupe, und ich machte weiter klack in meinem Kopf.

Hinten. Neunzehnhundertdreiundneunzig, an einem Sonntag im November, ich weiß noch, es war ein Sonntag im November, zwei Wochen nach meinem zehnten Geburtstag, nahmen wir in der Kirche zum ersten Mal hinten Platz, neben den Leuten, die zu spät kamen. Dabei gehörten wir zu den Pünktlichen. (Unser Traktor brauchte zwar seine Zeit, aber jedes Mal die gleiche; bei Glatteis fuhr er nicht langsamer und bei Sonnenschein nicht schneller.) Normalerweise saßen wir in der ersten, zweiten, höchstens in der dritten Reihe, niemals weiter vom Altar entfernt. Zuerst dachte ich, dass mein Vater sich mit meiner Mutter nicht nach vorne trauen würde; abgesehen von ihren hohen Absätzen und der geschminkten Stirn trug sie an diesem Sonntag einen purpurroten Mantel, in dem sie leuchtete, als wäre die restliche Welt ein Schwarz-Weiß-Film. Aber es war meine Mutter, die ihn nach dem Bekreuzigen auf die vorletzte Sitzbank zog; ihm blieb gar nichts anderes übrig, als ihr zu folgen.

Mir gefiel das nicht. Meine Mutter versteckte sich nicht im Schatten der Empore, der Altar dort vorne war die größte Bühne in unserer Gegend, und meine Mutter hätte versuchen müssen, ihr möglichst nah zu sein.

»Warum willst du nicht vor?«, fragte ich sie.

»Weil man hier ganz neue Perspektiven gewinnt«, lautete ihre Antwort.

Perspektiven – wieder so ein Geräusch. Bevor ich fragen konnte, was sie damit meine, kam der Pfarrer auf uns zu und begrüßte uns. Als später die Orgel über unseren Köpfen zu spielen begann, sah ich, wie meine Mutter den Kopf zur Seite drehte und dem Orterer am rechten Ende unserer Bank zulächelte. Mit der einen Hand hielt er seinem Sohn Manfred, meinem Klassenkameraden, das Gesangbuch, die andere lag im Schoß seiner Frau, die in einem Rollstuhl neben ihm saß. Und er lächelte zurück. Ich fand sein Lächeln furchtbar, ich fand, es war das hässlichste Lächeln, das ich je gesehen hatte. Kein Wunder, dass er bei der Müllabfuhr arbeitete, Menschen mit einem so hässlichen Lächeln hatten nichts Besseres verdient, als dauernd stinkenden Abfall herumzuschleppen.

An dieses Lächeln musste ich als Erstes denken, als ich am nächsten Tag von einer Stubenfliege geweckt wurde, die sich immer wieder auf mein Gesicht setzte. Es wäre mir lieber gewesen, ich hätte den Orterer in der Kirche gar nicht bemerkt. Beim Gedanken an ihn fühlte ich mich unwohl, mein Kopf war schwer, ich fragte mich, ob ich krank wurde. Die Fliege landete auf der Matratze dicht vor meinem Gesicht, und ich beobachtete, wie sie ihre Beinchen aneinanderrieb, als freue sie sich auf einen Leckerbissen. Ich hielt den Atem an, holte vorsichtig aus, um die Matratze nicht zu erschüttern, und schlug so heftig zu, wie ich konnte. Als ich meine Hand, gespannt auf das Ergebnis, wegnahm, zuckte die Fliege noch mit ihren – recht zerknitterten – Flügeln. Schnell griff ich nach einem Taschentuch und zerdrückte sie damit. Und das tat erstaunlich gut.

An diesem Morgen tötete ich fast dreißig Fliegen. Bewaffnet mit zwei Fliegenklatschen, lief ich um unseren Misthaufen, pro Schritt ein Hieb, atmete wegen des Jauchegestanks durch den Mund und sammelte meine Beute in den Hosentaschen. (Nicht umsonst zählte ›Das tapfere Schneiderlein‹ zu meinen Lieblingsmärchen.)

Zufrieden zählte ich auf dem Weg zurück über den Hof die einundfünfzig Schritte ab, und gerade, als ich bei zwanzig angelangt war, hörte ich ein Fahrzeug an der Hauptstraße halten. Ich ging nachsehen. Der knallorange Transporter der Müllabfuhr stand zur Hälfte auf dem Bürgersteig. Soeben eilte meine Mutter auf ihn zu. Die Fahrertür öffnete sich – der Orterer. Wieder mit so einem grässlichen Lächeln. Sofort ließ meine Mutter die Papiermülltonne stehen. Als sie ihn erreicht hatte, ergriff er die Hand meiner Mutter, legte sie sich an die Wange und schloss die Augen.

Ich rannte zur Werkstatt, trommelte gegen die Scheiben. Das Kreischen der Kreissäge erstarb, Schritte näherten sich, das Gesicht meines Vaters erschien hinter dem Fenster, er trug plüschige Ohrenschützer.

»Was?«

Als er an mir vorbeisah, wurde mir klar, dass meine Mutter mir gefolgt war.

Jetzt schlug mein Vater gegen die Scheibe. »Was ist denn?«

Ich glaube, wäre in diesem Moment der Orterer aufgetaucht, ich hätte meinem Vater von ihm erzählt. Doch er kam nicht. Da stand nur meine Mutter, die Arme merkwürdig gelassen hinter dem Rücken verschränkt, und fixierte mich. Was wollte sie?

»He!« Mein Vater hatte seine Ohrenschützer abgenommen und das Fenster geöffnet. »Bist ja kreideweiß.«

Im Hintergrund heulte der Motor des Mülltransporters auf, als er weiterfuhr, und das entspannte mich ein wenig.

»Hab dich lieb«, sagte ich zu meinem Vater. Das Erste, was mir einfiel.

»Dich auch«, murmelte er und schloss das Fenster. Gleich darauf setzte erneut das Kreischen der Kreissäge ein.

Meine Mutter wollte ihre Hände auf meine Schultern legen.

Ich wich ihr aus.

Zu meinem Baumhaus waren es neunundfünfzig Schritte.

Zum Beten war es zu kalt. Die Arme um die angezogenen Beine geschlungen, kauerte ich in einer Ecke meines Baumhauses, das mein Vater vergangenen Sommer für mich gezimmert hatte. Durch die Ritzen und Spalten drang kühle Luft. Über mir hing ein Spinnennetz in Fetzen; von seiner Architektin keine Spur. Ich schlug die Zeit tot, indem ich grübelte, ob jeder Schritt mit einem ihrer Beine für sich allein zählte, wie bei Menschen, und, falls nein, ob sie insgesamt mehr oder weniger Schritte bräuchte als ich, um in mein warmes Zimmer zu gelangen.

Jemand klopfte von unten an das Baumhaus.

»Bist du da?«, rief meine Mutter.

Der Baum ächzte, ich spürte, wie er sanft hin und her schwang, die Spinne über mir verkroch sich in einem Astloch, und dann stieg meine Mutter zu mir in den Ausguck. Schweigend setzte sie sich mir gegenüber, blies sich eine Haarsträhne aus dem geröteten Gesicht. Dann lehnte sie sich vor und hielt mir ihre offene Hand hin, eine Hand, mit der sie wahrscheinlich den Orterer berührt hatte.

Durfte ich jetzt schon nachgeben?

Bevor ich mich für etwas Falsches entscheiden konnte, rückte ich zu ihr und schmiegte mich an sie. Das fühlte sich immer richtig an.

Nach einer Weile wies sie mich auf die vielen Löcher und Ritzen im Baumhaus hin, durch die man nach draußen schauen konnte. Wäre es nicht furchtbar, sagte sie, wenn jedes Gebäude nur ein einziges Fenster besäße, nur eine einzige Perspektive auf die Welt? Schon seit sie denken könne, sei ihr Bedürfnis nach neuen Perspektiven größer gewesen als das der meisten Leute, sie brauche einfach mehr Fenster in ihrem Haus, um glücklich zu sein, flüsterte sie mir ins Ohr. Und da ich als Zehnjähriger nichts von Metaphern verstand, beruhigten mich ihre Worte ungemein; schließlich war das Anfertigen von Fenstern – wie ich aus eigener Erfahrung wusste – für meinen Vater eine leichte Übung.

In der Schule erlöste mich sechs Stunden und rund tausendeinhundert Schritte später das metallisch scheppernde Bimmeln der Schulglocke vom Religionsunterricht, und ich verließ das Klassenzimmer, in Vorfreude auf Kaiserschmarrn mit Puderzucker und

Apfelkompott, unser Montagsgericht, als ich meinen Vater sah, der am Ausgang auf mich wartete.

Dass er mich noch nie von der Schule abgeholt hatte, ließ er sich nicht anmerken, und verhielt sich stattdessen, als wäre es schon immer so gewesen, begrüßte mich, indem er mir wortlos durchs Haar fuhr, und machte mir dann Zeichen, ihm zu folgen. Und auch wenn mich das ziemlich verwirrte, ließ ich es mir doch gefallen, neben meinem groß gewachsenen Vater durch die Schar der aus dem Schulgebäude strömenden Kinder zu schreiten, von denen die meisten den Heimweg allein antraten.

Er führte mich zu der nahe gelegenen Eislaufbahn, die bereits vor meiner Geburt stillgelegt worden war, und wir nahmen in der vordersten Reihe der morschen Holztribüne Platz. Unkraut hatte die Fläche vor uns in Besitz genommen, die früher von Eis überzogen gewesen war, gelber Flächenpilz und Moos wucherten auf den Sitzbänken. In der großen Pause rauchten hier heimlich Jugendliche aus der Oberstufe. Jeder wusste das.

Mein Vater zupfte an seinem Bart und fragte: »Geht's gut?«

Ich nickte vorsichtig.

»Heute früh«, sagte er, »was war da los?« Damit er nicht in meinem Gesicht lesen konnte, beugte ich mich über meinen Schulranzen und spielte mit dem Verschluss.

»Mama hat irgendwas gemacht, oder?«

Lasche auf, Lasche zu, Lasche auf – er fasste mich, seltsam sanft, am Kinn und drehte meinen Kopf zu sich, sodass wir einander in die Augen sahen; erst jetzt bemerkte ich, dass seine feucht waren.

»Manchmal tut sie Dinge, die kann man nicht verstehen. Die versteht sie selbst nicht.« In seiner Hand hielt er mit einem Mal ein Stofftaschentuch und schnäuzte sich; seine Nase war rot wie nach ein paar Gläsern Schnaps.

Ich beobachtete eine Träne, die sich von seinen Wimpern löste, die Nase entlangperlte und im Dickicht seines Bartes verschwand. Dabei weinte mein Vater niemals, nicht einmal, wenn er sich bei der Arbeit einen Spreißel einzog oder sich schnitt, mein Vater weinte nie, und als er jetzt genau das tat, war das die schlimmste und wunderbarste Sache, die ich mir vorstellen konnte. Und so beschwerte ich mich auch nicht, als er meine Hand nahm und so fest zudrückte, dass es schmerzte.

In dieser Nacht rissen mich wieder Schreie aus dem Schlaf. Nur diesmal war es anders; ich hörte meinen Vater nicht. Und dann war da noch etwas, das ich erst begriff, nachdem ich ein paar Minuten ins schwarze Nichts gestarrt hatte, ohne mich zu rühren: Ich konnte verstehen, was sie schrie. Ein Wort, es war immer dasselbe Wort. Es war mein Name.

Wie lange ich so dalag und darauf wartete, dass sie aufhörte, kann ich nicht sagen. Ich versuchte, jedes Herzklopfen zu zählen, kam jedoch dauernd mit den Zahlen durcheinander. Als ihre Stimme so laut wurde, dass ich befürchtete, die Nachbarn könnten sie hören, schlüpfte ich aus dem Bett und öffnete die Tür. Ständig wiederholte sie meinen Namen, es störte mich, wie sie ihn sagte, er klang gar nicht nach mir. Langsam schlich ich zur Treppe. Nach unten in die Stube waren es nicht mehr als vierunddreißig Schritte, und trotzdem kam mir der Weg so endlos vor, als würde ich die neunhundertdreiundsiebzig zur Schule gehen.

Ich fand sie in der Nebenkammer hinter dem Sessel. Meinen Vater konnte ich nirgends ausmachen. Sie saß im Schneidersitz am Boden, ihr Daumen steckte in der Faust der anderen Hand, und als sie mich bemerkte, verstummte sie. Mir fiel auf, wie viel Platz in dem Zimmer war. Bis auf einen kleinen Haufen waren alle Bücher verschwunden. Der Holzofen strahlte eine wahnsinnige Hitze aus, und erst als ich genauer hinsah, erkannte ich hinter dem rußverschmierten Fenster an der Vorderseite einen Buchdeckel, durch den sich das Feuer fraß. Ob Papa sie verbrannt hatte, wollte ich fragen, ließ es dann aber bleiben.

»Mama?«

Ich ging zu ihr.

»Mama.«

Es war schwer, sie zu berühren. Ich legte meine Hand zuerst nur auf ihre Schulter, dann streichelte ich sie ein wenig: Keine Reaktion.

»Mama!«

Ich rüttelte sie, nahm ihren Kopf in die Hände, packte ihn und zwang sie, mir ins Gesicht zu sehen, und obwohl ihre Augen, die stets hübschen Augen, genau auf mich gerichtet waren, schien mich ihr Blick doch nicht zu erreichen, als wäre ich weit weg und für sie in der Ferne kaum auszumachen. Oder als versperrten ihr Balken und Dielen die Sicht.

Ich ließ ihren Kopf wieder sinken, nahm neben ihr Platz, wartete.

So saßen wir eine ganze Weile dort. Was in meinem Kopf vor sich ging, weiß ich nicht mehr, und will es auch nicht wissen. Irgendwann, als mir klar wurde, dass mein Vater in dieser Nacht nicht mehr auftauchen würde, beschloss ich, sie ins Bett zu bringen. Ich bat sie aufzustehen, und war fast überrascht, als sie genau das tat. Ohne Widerspruch ließ sie sich ins Schlafzimmer führen, sich aus den Klamotten helfen. Mit einem Schwamm wischte ich die vom Schweiß verlaufene Schminke aus ihrem

Gesicht. Ich brachte ihr ein Glas Milch, das sie in einem Zug leerte, und blieb so lange bei ihr, bis sie eingeschlafen war. Dann setzte ich mich ans Fenster und wartete auf den Sonnenaufgang.

Als sie mir am nächsten Morgen Dampfnudeln kochte, meine Leibspeise, als wir den Holzofen reinigten und sie mir sagte, dass mein Vater keines der Bücher angerührt hatte, als wir die Asche auf dem Kompost entsorgten und sie lächelte und eine Handvoll davon in den Wind blies, damit er alle Geschichten in die Welt trug, dachte ich die ganze Zeit über, was für eine schöne Frau meine Mutter sein konnte, und meine Augen brannten.

Danach ging das Jahr schnell zu Ende. Noch am selben Morgen brach mit dem ersten Schneefall der Winter ein. Frost härtete die Schneedecke und hinderte sie daran zu schmelzen. Und in unserem Haus schrie niemand mehr. Und Manfred Orterers Stuhl im Klassenzimmer blieb von nun an leer. Und die Müllabfuhr übernahm ein Jugoslawe, dessen Name das eigenartigste Geräusch war, das ich je gehört hatte.

Und meine Mutter begleitete meinen Vater und mich nur noch selten zur Sonntagsmesse, bei der nun mein Vater dafür sorgte, dass wir möglichst weit vorne saßen. Auch schaffte sie sich keine neuen Bücher an, was mein Vater für ein gutes Zeichen hielt; das sei nur vernünftig, auf die Weise würden wir viel Brennholz sparen, betonte er regelmäßig beim Abendbrot zwischen einem Bissen Landjäger und einem Schluck Apfelmost, streichelte meiner Mutter die Wange und versprach mir einen drei Meter hohen Weihnachtsbaum aus unserem Wald. Darauf antwortete meine Mutter jedes Mal mit einem Kuss, den sie ihm auf die Stirn drückte, ehe sie sich schlafen legte.

Vor diesem Winter hätte ich nicht gedacht, dass man jemals so müde sein konnte. Meine Mutter schlief, sobald die Sonne unterging und über die Mittagsstunden hinaus. Sogar auf dem Beifahrersitz des Traktors. Sie verschlief eine Aufführung der

Weihnachtsgeschichte, die meine Klasse im Dezember auf die Schulbühne brachte, mit mir als Melchior. Ohne zu schnarchen, schlief sie, tief in die Bettdecke eingegraben, bei offenem Fenster. Bis wir schließlich aus Sorge um sie ein paar Tage vor Heiligabend den Arzt riefen, den sie prompt ohrfeigte, weil er sie als »große Schauspielerin« bezeichnete.

Nachdem mein Vater mit ihm vor die Tür gegangen war, um allein mit ihm zu sprechen, blickte sie in ihren Handspiegel und bat mich, ihn für sie zu halten, damit sie die Zeichen auf ihrer Stirn erneuern könne. Sie seien schon fast verblasst.

Stumm folgte ich ihrer Bitte, und während meine Arme schwer wurden, stieg mir ihr Körpergeruch in die Nase, eine üble Mischung aus Schweiß und Schlaf, die mich durch den Mund atmen ließ.

Sie benässte ihren Mittelfinger und korrigierte damit einen frisch gemalten Senkrechtstrich. »Wir kommen trotzdem dahin, wo wir hinwollen.«

Diesmal waren es nicht die einzelnen Wörter, die ich nicht verstand, sondern deren Kombination; der ganze Satz war ein Geräusch.

»Ich will gar nicht weg«, sagte ich.

Sie lächelte müde und tippte mit dem roten Lippenstift an meine Nasenspitze. »Irgendwann wirst du's wollen.«

Am zweiten Weihnachtsfeiertag beschloss sie aus heiterem Himmel, sich mit dem Tranchiermesser das auf die Stirn gemalte Herz in die Haut zu ritzen. Mein Vater schloss sie in der Wäschekammer ein und brüllte ins Telefon. Mir brannten die Augen. Mit dem Ohr dicht an der Tür zur Wäschekammer horchte ich und bemühte mich zu verstehen, was sie vor sich hin sprach. Ich war froh, dass sie nicht rauskonnte.

Da sie auf Klopfen nicht reagierte, versuchte ich es mit: »Ich bin's.«

»Du?« Sie schnalzte mit der Zunge. »Dir bin ich böse.«

Auch ohne sie zu sehen, wusste ich, wie unheimlich ihre Augen leuchteten. Und das ließ mich die Hände falten und flüsternd beten und an den Vergleich mit dem Apfelbaum denken. Mein Vater hatte richtiggelegen; an manchen Tagen brauchte sie für ein und denselben Weg bloß fünf Schritte und an anderen ganze neun. Und manchmal, wenn sie es darauf anlegte, erreichte sie ihr Ziel mit einem einzigen, riesigen Satz.

Was ist das für ein Mist, wenn alle dazu beitragen, dass die Dinge in eine bestimmte Richtung laufen, in die eigentlich gar keiner will? Warum sich den Kopf zerbrechen über eine Sache, die man sowieso nicht mehr ändern kann. Das kommt mir ebenso idiotisch vor wie jede verlogene Frage der Nachbarn aus Segendorf, die sich als Erstes, sobald man ihnen über den Weg läuft, nach dem Wohlergehen meiner Mutter erkundigen und sie bis heute kein einziges Mal besucht haben.

Es vergeht kein Besuch bei ihr in der Klinik, ohne dass meine Augen wieder brennen, und das kann vielleicht nicht jeder verstehen, ich verstehe es selbst nicht ganz, aber ich mag dieses Gefühl, mag das, woran es mich erinnert, viel lieber jedenfalls als die Jahre danach, in denen bloß die Gesichter ihrer Ärzte wechselten, und die Namen und Farben auf den Verpackungen der Tabletten.

Jetzt male ich mit Lippenstiften ein weißes Kreuz und ein rotes Herz auf ihre Stirn und über die Narben. Darüber freut sie sich, das merke ich, auch wenn sie keine Miene verzieht. Wann sie das letzte Mal etwas zu mir gesagt hat, daran erinnere ich mich nicht. Vielleicht kommen für sie nur merkwürdige Geräusche aus meinem Mund.

Um Mitternacht ziehe ich das Rollo hoch, die ersten Raketen explodieren am Himmel. Ich wünsche ihr ein frohes neues Jahr, und als ich ihr einen Kuss auf die Wange geben will, packt sie meinen Kopf, sie ist stärker, als ich dachte, und spricht mit einer nüchternen, klaren Stimme, als wäre es das Normalste auf der Welt, in mein Ohr: »Die Sonne geht auf.«

Und ich bewege mich nicht; sie riecht gut nach Seife, außerdem ist ihr Griff viel zu fest. Gemeinsam sehen wir aus dem Fenster, es tut gut zu wissen, dass sich das Feuerwerk in ihren und in meinen Augen spiegelt, und ich spreche ein Gebet in ihren Kopf. Und wenn jedes Wort ein Schritt ist, und jeder Schritt die Zeit bewegt, dann kann es, glaube ich, nicht mehr lange dauern, bis wir dort ankommen, wo wir beide hinwollen.

Uwe Timm

Warentermingeschäfte

Er heißt Klaus, ist einige Jahre jünger als ich und mein Cousin. Ich habe ihn seit gut zwanzig Jahren nicht mehr gesehen. Er wuchs bei seiner Großmutter, meiner Tante Grete, auf, im Gängeviertel, Ecke Brüderstraße – Großer Trampgang. Dort war bis zur Währungsreform der Schwarzmarkt und bis in die sechziger Jahre ein Amateurstrich für Hausfrauen und Schulmädchen. Vom Küchenfenster meiner Tante aus konnte man die Frauen beobachten, die dort am späten Nachmittag, vom Einkaufen kommend, oft noch mit dem Einkaufsnetz in der Hand, auf Kundschaft warteten. Hin und wieder, wenn nichts ging, kam eine der Frauen herauf, sie wohnten ja in der Nachbarschaft, setzte sich in Tante Gretes Küche, trank eine Tasse Kaffee, rauchte eine Zigarette und redete mit den anderen, die auch nur mal eben auf einen Sprung vorbeigekommen, dann aber sitzen geblieben waren, weil sie sich festgeklönt hatten. Menschen, die ich bei uns zu Hause nie zu Gesicht bekam: Rausschmeißer, Ewerführer, Werftarbeiter, Nutten, Maschinisten, Matrosen, Steuerleute. Der Hafen war nicht weit, und man hörte bei Südwestwind die Preßlufthämmer der Nieter von der Stülkenwerft. Wer in die Küche von Tante Grete kam, tat das, um andere zu treffen, um zu erzählen und zuzuhören und nebenbei eine Tasse Kaffee zu trinken und eine Zigarette zu rauchen, denn das gab es bei Tante Grete auch in der sogenannten schlechten Zeit, als bei uns zu Hause Muckefuck getrunken wurde und mein Vater Zigaretten der Marke Schreberstolz rauchte: Bohnenkaffee und echte Amis. Onkel Hans arbeitete nämlich zu der Zeit im Hafen, als Pförtner in einem Schuppen. Dort wurde der Kaffee verladen, und dabei platzten regelmäßig Säcke auf, gingen immer wieder Kisten mit Zigaretten zu Bruch.

Ich saß in der Küche, zusammen mit Klaus, und durfte zuhören, was die Erwachsenen sich zu erzählen hatten: Der Trümmermörder ging um, seine Opfer wurden in den Ruinen der Stadt gefunden, nackt, eine Drahtschlinge um den Hals, ein Zollbeamter, der einmal scharf auf einen Schmuggler geschossen hatte, fiel eines Tages in einen Getreidesilo, ein Spätheimkehrer hatte den Mann, den er im Bett seiner Frau fand, mit einem schweren Bronzeaschenbecher erschlagen, dann seine Frau mit einem Brotmesser niedergemacht. Neben diesen grellen Geschichten, die immer wieder neu und anders erzählt wurden, gab es auch die ganz alltäglichen Geschichten, wer was von wem gehört hatte, Fehlgeburten, Arbeitssuche, Schlägereien, Abtreibungen, hartnäckige Tripper, verzweifelte Schuldner, gnadenlose Gläubiger und immer wieder und detailreich Liebesgeschichten, schnelle Nummern in Treppenhäusern oder verwickelte, irrwitzige Zweier-, Dreier-, Viererbeziehungen. Das alles wurde erzählt, ohne daß ich aus der Küche mußte oder der Erzähler, wie bei uns zu Hause, durch ein Pscht oder einen schnellen Seitenblick zum Verstummen gebracht wurde. Eine fürchterliche Gegend, fürchterliche Leute, schade um Tante Grete, sagte mein Vater und verbot mir, in die Brüderstraße zu gehen. Also ging ich heimlich hin. Eine Stunde hin, eine Stunde zurück. Nahm auch die väterlichen Ohrfeigen in Kauf, wenn er mich ertappte oder wenn ich wieder einmal zu spät kam.

Was konnte man aber auch in dieser Küche alles erfahren, was einem zu Hause nie zu Ohren kam. Was gab es für außergewöhnliche Dinge und für sonderbare Menschen. Natürlich wurde in der Küche gelogen, daß sich die Balken bogen. Aber es ging ja auch nicht darum, irgendein Ereignis haarklein nachzuerzählen, sondern man wollte mitteilen, wie man selbst zu den Menschen und Dingen stand, welche Bedeutung man ihnen durch die Erzählung gab und welche Bedeutung man sich damit selbst gab. So wurde vergrößert und verkleinert, und meist wurde das Kleine größer und das Große kleiner, so wurde, und zwar sehr kunstvoll, erzählend Wirklichkeit interpretiert, ausgeschöpft, wie man sich deren Normen und Zwängen entziehen, den Druck ab- und umleiten konnte, eine subversive Interpretation, die sich gegen die Macht des Faktischen richtete, Erzählungen

also, die ein Einverständnis darüber her-
stellten, wie man was zu verstehen habe
und wie man sich dagegen zur Wehr setzen
könnte. Ein Geflüster der Generationen, in
dem die Welt neu erfunden, neu gedeutet
wurde. Erfahrungen wurden weitergegeben
und revidiert. Aber es wurde nicht nur ge-
redet. Es war ja kein Elfenbeinturm, diese
Küche, die auch tagsüber nicht richtig hell
wurde, in der immer eine Lampe brannte,
der untere Teil der Wände lackiert, elfen-
beinfarben, abwaschbar – wer aufstand und
hinausging, hatte von fremden Erfahrungen
gehört, konnte diese mit den eigenen ver-
gleichen. Aber waren solche erzählten Erfahrungen übertragbar? Wurden Einsich-
ten gewonnen? Fehler künftig vermieden?
Vielleicht. Aber auf jeden Fall nahm man
doch diese Einsicht mit: Man war nicht allein in seiner Not. Denn auch darauf berei-
teten diese alltäglichen Erzählungen jeden
der Zuhörer, der wiederum selbst Erzähler
war, vor: auf Versagen, Schuldigwerden, auf
Krankheit und Tod.

Ich will dieses Erzählen in der Küche von
Tante Grete nicht verklären. Es war, wo es

allgemeine Ansichten und Meinungen wiedergab, oft erstarrt, unreflektiert, zuweilen auch brutal und blind, und es war – meist dann, wenn es den eigenen primären Erfahrungsbereich verließ und allgemeine Urteile fällte – zuweilen auch einfach dumm. Dort aber, wo es sich aus den eigenen Erfahrungen und Erlebnissen speiste – und das gilt auch heute noch, trotz Fernsehen und Videoclips –, war und ist solches Erzählen von einer subversiven Lust, einer aufklärerischen Helle, einer sinnlichen Fülle. Es beschäftigt sich ja auch immer damit, wie man sich selbst behaupten, wie man seine Träume und Wünsche verwirklichen kann. Auf dieser Suche nach der Erfüllung eigener Wünsche, die in irgendwelchen Zwängen eingeklemmt waren, kreisten die meisten der Erzählungen um Geld. Was wäre, wenn man plötzlich eine Menge Geld hätte? Wie kommt man an Geld? Allein durch Arbeit, das wußte jeder, nicht. Auch nicht durch Sparen. Man wäre darüber alt geworden, die Lust wäre vergangen und für immer verloren. Was hätte man auch sparen können? Wie kommt man an das große Geld?

Durch Zufall, darum wurde Lotto und Toto gespielt. Durch Gewalt, darum nahm man sich, was man nehmen konnte, und viele Kisten gingen im Hafen beim Verladen zu Bruch. Durch List – und das war ein nicht endendes Thema in den Erzählungen – wie jemand einem anderen, Reicheren, aber auch Firmen, Versicherungen, Behörden, Geld abgeknöpft hatte.

Einmal gewann Tante Grete, die eine eigene Toto-Theorie entwickelt hatte, mehrere tausend Mark. Das war Anfang der fünfziger Jahre eine riesige Summe, die sie allerdings innerhalb eines Jahres buchstäblich aus dem Fenster geworfen hatte. Sie verschenkte oder verlieh das Geld auf Nimmerwiedersehen über den Großen Trampgang hinweg. Mein Vater, der das Geld gern in sein Geschäft investiert hätte, fand das Verhalten von Tante Grete typisch, diese Unfähigkeit zu planen, zu sparen, überhaupt in die Zukunft zu denken. Sieh dir den Klaus an, der typische Versager. Es war zu der Zeit, als es plötzlich hieß, der Vater von Klaus käme zurück. Von diesem Mann wurde immer wieder und ausführlich erzählt, insbesondere von Klaus und seiner Mutter, meiner Cousine Klärchen. Nur sie kannte ihn. Ein Schwede, angeblich eins neunundneunzig groß, blond, blauäugig, mit der Brust eines ausgewachsenen Elchs, Verbieger daumendicker Eisenstangen und silberner Fünfmarkstücke, Steuermann auf einem Trampschiff, Held zahlloser Abenteuer zwischen Äquator und den beiden Polarkreisen, so erzählte Klaus von ihm, seinem Erzeuger, den er noch nie zu Gesicht bekommen hatte. Mit diesem Schweden drohte er nicht nur mir, sondern auch anderen Kindern, Lehrern – wenn mein Vater kommt, dann ... Und mit diesem Mann, der irgendwo zwischen Afrika und Asien steckte, drohte auch meine Cousine ihren Liebhabern, weil die ihre Einsamkeit so schamlos ausnutzten und sie ins Bett zogen, sie drohte auch ihrem Vater, meinem Onkel Hans: Wenn der Stig kommt.

Und jetzt also kam er tatsächlich und sollte Gericht halten. Ich machte mich auf den Weg in die Brüderstraße, getrieben von der Neugierde, die auch über die Bedenken siegte, selbst in das Gericht hineingezogen zu werden. In der Küche waren denn auch schon alle versammelt und warteten. Klärchen und Klaus waren in den Hafen gegangen, um ihn vom Schiff abzuholen. Onkel Hans hatte sich einen Schlips umgebunden, Tante Grete, im Sonntagskleid, hatte eine Pfirsichbowle angesetzt, eine Nachbarin hatte Pflaumenkuchen gebacken. Dann ging die Tür auf, Klaus und Klärchen kamen herein, und hinter ihnen kam der Schwede, tatsächlich ein Riese, sehnig, kräftig, blond und blauäugig. Er mußte, als er in die Küche kam, den Kopf einziehen, gab allen die Hand, lächelte, sah keineswegs aus wie der Rächer, sondern setzte sich still an den Küchentisch und ließ sich ein Stück Pflaumenkuchen geben. Ich war enttäuscht. Der Mann saß da, aß und trank und schwieg. Vielleicht war er stumm. Gab es das, stumme Steuerleute? Irgendwann sagte er einmal tack, das war alles. Er saß da, trank erst Kaffee, dann Schnaps. Die Stimmung um ihn herum war inzwischen recht fidel geworden. Onkel Hans spielte auf dem Schifferklavier. Alle redeten durcheinander. Es wurde gelacht und gesungen. Tante Grete begann die Bowle auszuschenken, da, plötzlich, begann der Schwede zu weinen. Die Gespräche verstummten. Onkel Hans legte das aufseufzende Schifferklavier beiseite. Der Schwede saß am Tisch, den Kopf in die Hände gestützt, und weinte. Alle starrten ihn an. Man erwartete irgendeinen Hinweis, eine Erklärung für seine Tränen. Er aber weinte, ohne etwas zu sagen, still vor sich hin. Jemand klopfte ihm auf den Rücken, als könne das seinen Schmerz lösen. Einige Nachbarn waren aufgestanden und leise hinausgegangen. Vom Großen Trampgang hörte man Schritte und Stimmen und von fern das Kreischen eines Eimerbaggers auf der Elbe. So plötzlich, wie er zu weinen begonnen hatte, hörte er auch wieder auf. Tante Grete kochte einen Kaffee. Er saß da, schweigend, und hielt die Kaffeetasse in den Händen.

Am nächsten Tag ging er weg und kam nie wieder.

Ich ging danach nur noch selten in die Brüderstraße. Das hatte nichts mit dem Schweden zu tun, sondern mit anderen Interessen und neuen Freunden. Auch meinen

Cousin sah ich nur noch selten und zufällig. Er war auf das Gymnasium gekommen, aber bald wieder abgegangen, hatte die Mittelschule besucht, auch die nach kurzer Zeit wieder verlassen, hatte zwei, drei Lehren begonnen und wieder abgebrochen. Als ich ihn das letzte Mal traf, vor ziemlich genau zwanzig Jahren, zufällig auf der Straße, da erzählte er mir von seinen Plänen. Projekte, bei denen man schnell gutes Geld machen könne, zum Beispiel ein Versandhaus für exotische Vögel oder ein Männer-Striplokal. Ich hatte damals keine Zeit und auch kein Verständnis für seine Pläne, für diese Jagd nach Geld, ich war auf dem Weg zu einem Teach-in oder einer Diskussion. Er redete auf mich ein, fragte, ob ich immer noch Schriftsteller werden wolle, ob man vom Schreiben überhaupt leben könne. Im Weitergehen habe ich vielleicht darüber nachgedacht, wie leicht ihm das fiel, etwas abzubrechen, wozu er keine Lust mehr hatte, während ich, wie unter einem Zwang, alles zu Ende bringen mußte.

Dann, vor einem Jahr, schickte mir meine Mutter einen Zeitungsausschnitt zu. 21 Millionen ergaunert, stand da, und daneben war ein Foto, das ihn zeigte, im dunklen Stoffmantel, Krawatte, blondes, leicht gewelltes Haar, ein blonder Schnurrbart. Er sah tatsächlich aus wie ein Börsianer, für den er sich ausgegeben hatte und der er wohl auch gewesen war. Er hatte Leute angesprochen (in einigen Fällen reichte ein Telefonanruf), von denen er annehmen konnte, daß sie unversteuerte Gelder anlegen wollten: Zahnärzte, Rechtsanwälte, Architekten, Fabrikanten und sogar Bankiers. Sodann hat er, ein Magier, Schweinehälften, Wolle, Kupferbarren durch den einfachen Faktor Zeit in Geld verwandelt, eine geheimnisvolle Transfiguration, die allein durch seine auch von den ermittelnden Kriminalbeamten bewunderte Fähigkeit, Geschichten zu erzählen, möglich wurde. Ich würde gern wissen, welche Geschichten das waren, möchte ihn aber selbst hören. Auf jeden Fall hat er mit seiner Art zu erzählen mehr verdient, als ich es mit meiner je könnte.

Vertellt mol nix, sagte Tante Grete, als wir ihr, nachdem wir das Wechselgeld vom

Einkaufen in Eis angelegt hatten, eine Räu-
berpistole erzählten, wie wir es verloren
hätten.

Jetzt wird er von der Interpol gesucht.
Man gehe davon aus, so ein Polizeispre-
cher, daß sich der Gesuchte im Ausland
aufhalte.

Ich glaube zu wissen, wo er jetzt lebt.
Ein Ort, von dem er schon als Kind erzählt
hat.

Und die Moral von der Geschichte? Die
gibt es nicht.

Die gab es auch in so gut wie keiner der
Geschichten, die in Tante Gretes Küche erzählt wurden. Moral war das, was am wenigsten interessierte. Es waren ja Geschichten,
die sich gegen die vorherrschende Moral
richteten.

Mußte alles so kommen, wie es kam?
Vielleicht, vielleicht auch nicht.

Meine Cousine, die Tochter von Tante
Grete und Onkel Hans, ist bienenfleißig,
zielstrebig, hat alle möglichen Prüfungen
gemacht, geht, wie ich, auf Erbsen, solange
etwas noch nicht fertig ist, und zwar ordentlich.

Hin und wieder denke ich an Klaus, nicht nur jetzt, während ich über ihn schreibe. Ich versuche mir dann vorzustellen, wie er dort, wo er sich aufhält, lebt. Ich will nur so viel verraten: Es gibt dort Palmen und einen strahlenden Himmel.

Erträgt er dieses ewige Blau? Hat er manchmal Sehnsucht nach dem Hamburger Grau? Oder nach Frau und Kind, die er dort zurückgelassen hat?

Denke ich an ihn, habe ich den am Küchentisch sitzenden weinenden Schweden vor Augen.

Diese Mühsal, dieser mich durch meine Kindheit begleitende Zwang: aufschieben zu müssen, was Lust macht, um im Aufschub Lust zu suchen. Die gezählte Zeit. Die erzählte Zeit. Das Geflüster der Generationen.

Autoren- und Quellenverzeichnis

Ewald Arenz, geboren 1965, studierte englische und amerikanische Literatur sowie Geschichte. Für seine Werke wurde er mehrfach ausgezeichnet. Bei dtv erschienen u. a. seine Romane ›Der Duft von Schokolade‹ (dtv 13 808) und ›Das Diamantenmädchen‹ (dtv 14 230).

(Aus: Ewald Arenz, Meine kleine Welt, Cadolzburg 2008. © 2008 ars vivendi verlag GmbH & Co. KG, Cadolzburg)

T. C. (Tom Coraghessan) Boyle, geboren 1948 in Peekskill, New York, entdeckte seine Liebe zum Schreiben während des Geschichtsstudiums. Heute zählt er zu den bekanntesten und produktivsten amerikanischen Autoren. Für seinen Roman ›World's End‹ erhielt er 1987 den PEN/Faulkner-Preis. Er lebt mit seiner Familie in Kalifornien.

(Aus: T. C. Boyle, Zähne und Klauen. Aus dem Amerikanischen von Dirk van Gunsteren und Annette Grube. München 2010 (dtv 21 194). ›Chicxulub‹ wurde übersetzt von Dirk van Gunsteren. © 2005 by T. Coraghessan Boyle. © der deutschen Ausgabe: 2008 Carl Hanser Verlag München)

Katinka Buddenkotte, Jahrgang 1976, lehrte nach langen Lehr- und Wanderjahren die Betreiber von Callcentern, Jugendherbergen und Messeständen das Fürchten. Nach Aufenthalten in Berlin, Hamburg, Los Angeles und Düsseldorf lebt die Autorin mittlerweile in Köln.

(Aus: Katinka Buddenkotte, Ich hatte sie alle. München 2009. © 2007 Verlag Die Muschel, Köln)

Osman Engin, geboren 1960, schreibt Romane und Satiren für Presse und Rundfunk. 2006 wurde er mit dem ARD-Medienpreis ausgezeichnet. Bei <u>dtv</u> erschienen u. a. ›Tote essen keinen Döner‹ (<u>dtv</u> 21 054), ›Don Osman‹ und ›Lieber Onkel Ömer‹ (<u>dtv</u> 21 097).

(Aus: Osman Engin, Lieber Onkel Ömer. Briefe aus Alamanya. München 2008. © 2008 Deutscher Taschenbuch Verlag, München)

Moritz Fichtner war Herausgeber verschiedener Literaturzeitschriften und schrieb Kurzgeschichten für Radio und Zeitung. Er starb 2010 in Braunschweig.

(Abdruck mit freundlicher Genehmigung von Brigitte Fichtner.)

Jean-Louis Fournier, geboren 1938, ist Schriftsteller, Humorist und arbeitet als Regisseur für das Fernsehen. Er hat eine Vielzahl von Büchern veröffentlicht. Für ›Où on va, papa?‹ wurde er 2008 mit dem renommierten Prix Femina ausgezeichnet. Auf Deutsch sind erschienen ›Wo fahren wir hin, Papa?‹ (<u>dtv</u> 24745) und ›Umgebracht hat er keinen‹ (<u>dtv</u> 13929).

(Auszüge aus: Jean-Louis Fournier, Wo fahren wir hin, Papa? Aus dem Französischen von Nathalie Mälzer-Semlinger. München 2009. © 2008 Editions Stock, Paris. © für die deutschsprachige Ausgabe: 2009 Deutscher Taschenbuch Verlag, München)

Dora Heldt, 1961 auf Sylt geboren, ist gelernte Buchhändlerin und lebt heute in Hamburg. Mit ihren Romanen führt sie seit Jahren die Bestsellerlisten an, die Bücher werden regelmäßig verfilmt. Weitere Informationen unter www.dora-heldt.de

(Aus: Dora Heldt, Urlaub mit Papa. München 2008. © 2008 Deutscher Taschenbuch Verlag, München)

Christopher Kloeble, geboren 1982, studierte am Deutschen Literaturinstitut Leipzig und schrieb für die ›Zeit‹, die ›Süddeutsche Zeitung‹ und die ›taz‹. Für seinen Debütroman ›Unter Einzelgängern‹ (<u>dtv</u> 14278) wurde er mit dem Literaturpreis der Jürgen-Pronto-Stiftung ausgezeichnet. 2018 erschien bei <u>dtv</u> ›Die unsterbliche Familie Salz‹ (<u>dtv</u> 14632). Er lebt in Berlin und Delhi.

(Aus: Christopher Kloeble, Wenn es klopft. München 2009. © 2009 Deutscher Taschenbuch Verlag, München)

Markus Orths, geboren 1969, arbeitet nach dem Studium der Philosophie, Romanistik und Anglistik zunächst als Lehrer. Seit 1999 ist er Mitherausgeber der Literaturzeitschrift ›Konzepte‹ und lebt als freier Schriftsteller in Karlsruhe.

(Aus: Markus Orths, Wer geht wo hinterm Sarg? Frankfurt a. M. 2001 © Schöffling & Co. Verlagsbuchhandlung GmbH, Frankfurt a. M. 2001)

Annette Petersen, Jahrgang 1964, ist Diplom-Geographin, Journalistin und Autorin und lebt mit ihrer Familie in Hannover. Neben dem Roman ›Luft und Lüge‹ und dem Kurzroman-E-book ›Inselkind‹ hat sie in Anthologien veröffentlicht. Sie war 2008 nominiert für den Agatha-Christie-Krimipreis und ist Mitglied der »Mörderischen Schwestern« und des Syndikats. Mehr zur Autorin unter www.annette-petersen.de

(Aus: Million Dollar Mama – 21 Kriminalstorys rund um den Boxsport, herausgegeben von Franziska Kelly und Max Hergert. Kerpen 2008. Abdruck mit freundlicher Genehmigung der Autorin)

Jutta Profijt wurde 1967 in Ratingen geboren. Sie arbeitete als Übersetzerin und Projektmanagerin, bevor sie sich sehr erfolgreich dem Bücherschreiben widmete. Zuletzt erschien bei dtv ihr Roman ›Unter Fremden‹, für den sie mit dem Glauser-Preis 2018 ausgezeichnet wurde. Mehr über die Autorin unter www.juttaprofijt.de

(Abdruck mit freundlicher Genehmigung der Autorin)

Herbert Rosendorfer, geboren 1934, war Jurist und Professor für Bayerische Literatur. Seit 1969 veröffentlichte er zahlreiche Bücher, von denen ›Briefe in die chinesische Vergangenheit‹ (dtv 21173) am bekanntesten geworden ist. Rosendorfer starb 2012 in seiner Geburtsstadt Bozen.

(Aus: Herbert Rosendorfer, Vorstadtminiaturen. München 2006. © 1982 by nymphenburger in der F. A. Herbig Verlagsbuchhandlung GmbH, München)

Uwe Timm, geboren 1940, lebt als freier Schriftsteller in München und Berlin. Er zählt zu den wichtigsten deutschsprachigen Gegenwartsautoren und wurde vielfach ausgezeichnet. Zu seinen bekanntesten Werken gehören u. a. ›Die Entdeckung der Currywurst‹ (<u>dtv</u> 25227), ›ROT‹ (<u>dtv</u> 13125) und ›Am Beispiel meines Bruders‹ (<u>dtv</u> 13316).

(Aus: Uwe Timm, Der Blick über die Schulter oder Notizen zu einer Ästhetik des Alltags. In: Uwe Timm Lesebuch. Die Stimme beim Schreiben. Herausgegeben von Martin Hielscher. München 2005. Abdruck mit freundlicher Genehmigung des Autors.)

Kurt Tucholsky (1890–1935), Journalist, Satiriker, Erzähler, Lyriker, Chanson- und unermüdlicher Briefeschreiber, zählt zu den meistgelesenen Autoren der Weimarer Republik und wird bis heute geschätzt und verehrt.

(Aus: Kurt Tucholsky, Wo kommen die Löcher im Käse her? Glossen und Grotesken. Reinbek bei Hamburg 2006)